AF493024

Forjando nuestro destino

Forjando nuestro destino

Un camino para iniciar nuestro desarrollo personal

Jorge Paz

Segunda Edición abril 2021
ISBN 978-99939-0-131-0
Copyright © 2021 Jorge Paz
www.JorgePazCoach.com
consultas@JorgePazCoach.com
Reservados todos los derechos.
Prohibida la reproducción total o parcial de esta obra sin la debida
autorización del autor.

Las instrucciones y consejos en este libro no pretenden ser un sustituto
para el asesoramiento. Solo pretende compartir información de
naturaleza general para ayudar en la búsqueda del bienestar personal. El
contenido de cada capítulo es la sola expresión y opinión del autor. No
hay ninguna garantía expresa o implícita por el autor en ninguno de los
contenidos en este documento. El autor no será responsable de los
daños y perjuicios físicos, psicológicos, emocionales, financieros o
comerciales, incluyendo, sin exclusión de otros, el especial, el incidental,
el consecuente u otros daños.

A mi esposa Leda y a mis hijas Valentina y Lucía, porque
ellas me hacen crecer cada día.

Contenido

Introducción

Al graduarme de la universidad imaginé que mi futuro estaba definido, lo próximo era viajar y formar una familia. Esto sucedió según lo había planificado, lo mejor era viajar con mi esposa y mi hija. La pasé muy bien; no obstante, me daba cuenta que los años pasaban y me mantenía en la misma situación a nivel personal. Creía que podía mejorar, pero no sabía cómo.

Al momento de decidirme a mejorar en algunas habilidades relacionadas a mi profesión, me di cuenta que las puertas se comenzaban a abrir para aprender más. Tuve la oportunidad de conocer personas maravillosas que tenían las mismas inquietudes que las mías y comencé a ver la vida con otra perspectiva. Mis creencias estaban limitándome para seguir creciendo en las áreas que me interesaban y concluí que tenía que trabajar en cómo mejorar. Comprendí que la universidad no era la única manera de crecer, había otras maneras más eficientes para mejorar mis habilidades. Al iniciar este camino, llegué a la conclusión que debía conocerme, saber en qué quería mejorar. Pensaba que podía crecer en cualquier área; sin embargo, la experiencia me enseñó que avanzaba mejor cuando me enfocaba en mis fortalezas. Esto me hizo reflexionar en lo que era bueno para seguir creciendo y obtener mejores resultados a corto plazo. Descubrí que la actitud era imprescindible para alcanzar mi objetivo, esto hizo que los obstáculos fueran más sencillos de vencer como, por ejemplo, salir de mi zona de comodidad para buscar nuevos retos en mi vida. El ánimo y las ganas de seguir adelante necesitaban un vehículo para ir más rápido en mi crecimiento, necesitaba incluir estas actividades de ampliación a mi día a día. Poder administrar mi tiempo y tener un plan para cumplir mis objetivos me permitió ser persistente y disciplinado para alcanzar los objetivos que había definido. Al estar trabajando en mejorar mis habilidades, entendí que era mucho mejor si mi entorno ayudaba a alcanzar estos objetivos. Comencé a buscar personas que ya habían recorrido el camino que estaba tomando, algo que me ha ayudado a acelerar mi crecimiento y me ha ahorrado mucho tiempo.

El camino del desarrollo personal requiere de esfuerzo y dedicación. No hay una receta única para que podamos mejorar, depende mucho de cómo somos y en qué situaciones nos encontremos para interpretar un mensaje. Hay algunos elementos que son importantes para comenzar esta gran aventura de mejorar nuestras habilidades, a estos elementos los describo en este libro para que puedan servirte como un punto de partida para seguir creciendo. Si estas interesado en desarrollarte y no abandonar en el intento, el siguiente capítulo te hará reflexionar en lo que crees.

¡Comencemos entonces!

Capítulo 1

¿He nacido para perder o ganar?

Tus creencias se convierten en tus pensamientos,
tus pensamientos se convierten en tus palabras,
tus palabras se convierten en tus actos,
tus actos se convierten en tus hábitos,
tus hábitos se convierten en tus valores,
tus valores se convierten en tu destino.
Gandhi

Cuando era niño, escuchaba a los adultos decir lo siguiente: «Hay gente que nace ganadora, cuando sean grandes tendrán mucho éxito». Esta frase me impactó, no entendía por qué decían eso, sentía que al momento que los escuchaba me estaban diciendo que no podría ser exitoso o que mi vida no era importante. Me resistí a pensar que mi vida sería un fracaso y eso me influyó cuando me convertí en adulto.

En la escuela me iba muy bien, no tenía problemas con mis compañeros ni con los estudios. Me percataba que algunos sobresalían más que otros y eran apreciados por los maestros, yo no era de ese tipo de personas, no era tan popular como ellos; volvía a mi mente esta frase de ser un ganador y pensaba si mi vida sería siempre de la misma manera.

Cuando inicié la universidad, las cosas cambiaron en cierta manera, y pensé que mi destino estaba comenzando a cambiar también. El tema de la popularidad ya no era tan importante con el pasar de los meses, lo importante era terminar los estudios y graduarnos. Al salir de la universidad seguí escuchando a muchas personas decir que algunos habían nacido bajo una buena estrella y otros bajo una mala. Muchas de estas personas vivían un drama en su vida, tenían muchos problemas en su trabajo y en su vida personal, le echaban la culpa a la suerte de su situación actual. En una ocasión estaba en una reunión social y alguien se acercó a mí y me dijo: «Tienes suerte porque saliste de la universidad, por eso te va muy bien». Inmediatamente me reí, pensé en todo el esfuerzo que realicé y el de mis padres en apoyarme para graduarme, así como también todo el sacrificio que había realizado en mis empleos para seguir escalando. Sabía que esta persona no había estudiado en la universidad, tampoco le gustaba esforzarse en sus actividades, era una persona inestable con sus empleos. En esa época ya estaba empezando a notar una relación entre los pensamientos y la forma de realizar las actividades.

¿Mi meta es ser exitoso en la vida?

¿Cuántas veces escuchamos que hay personas exitosas y otras no? Usualmente asociamos el éxito con el dinero, pensamos que alguien es un ganador porque tiene un alto salario, es un CEO (jefe ejecutivo) de una empresa, tiene propiedades, es una persona famosa, etc. Asociamos el éxito con bienes materiales, sin embargo, ¿Muchas de estas personas serán felices? Algunas de ellas sí lo son, otras no.

He conocido a gerentes que logran grandes resultados, realizan acciones que se puede considerar audaces y logran soportar presiones que no creeríamos soportar en esa posición. Asimismo, pude notar que muchos de ellos tienen graves problemas en su vida personal, están divorciados, sus hijos les causan problemas o tienen problemas financieros; no obstante, he conocido empresarios que son muy felices a nivel personal, realizan obras de caridad, se relacionan con los demás... Entonces, ¿será que el éxito está relacionado con los bienes materiales o ser famoso?

Las personas que han alcanzado un reconocimiento público son consideradas exitosas y muchos quieren ser como ellas, las toman como modelos a seguir. Algunas de estas personas se han esforzado mucho antes de ser famosas, ha sido el resultado del trabajo de muchos años. Podríamos decir que habían planificado cómo alcanzar un objetivo y lo alcanzaron, lo vemos con los atletas que ganan una medalla olímpica, un esfuerzo realizado durante años para lograr el éxito. Hay otras que alcanzan la fama siendo niños y algunas de ellas se derrumban con el paso del tiempo, se divorcian, pierden su dinero, se lastiman físicamente. Entonces, si el éxito no está relacionado con lo material, ¿qué es?

Henry Ford, fundador de la compañía Ford Motor Company, dijo: «El secreto para una vida exitosa es encontrar nuestro propósito y luego hacerlo» (Rubín Martín, s.f). Cuando nos dedicamos a trabajar en aquello que nos apasiona, tendremos una mayor probabilidad de ser felices. Esto no quiere decir que tendremos mucho dinero, tal vez nuestro propósito sea ser mejores padres, ayudar a otros, defender a los débiles, por decir algo. También puede suceder que, si nuestro propósito es agregar valor a los demás, nuestras actividades no solo alcanzarán el resultado que deseamos, sino que tendrán consecuencias, como, por ejemplo, el reconocimiento público, el incremento de nuestros ingresos, entre otras.

¿Mi vida no es tan importante y la vida de otros sí?

Cuando era un niño, pensaba que mi vida debía ser como la de los personajes de mis programas favoritos. Al pasar los años, mis gustos por los programas de televisión cambiaron y mis ideales también. Muchas personas siguieron pensando que su vida debía ser como la de los personajes de sus programas y se deprimían porque no alcanzaban ese ideal. Me imagino que lo hemos visto en nuestro alrededor con nuestros familiares, amigos, en las noticias, en los adolescentes, etc. A veces escucho varias razones de por qué lo hacen, tú habrás escuchado otras. Te comparto algunas:

Me intereso en el prójimo

Vemos a personas que se esfuerzan por los demás y les ayudan, algo muy noble de hacer, pero a veces hay una línea muy delgada entre amar al prójimo y vivir la vida de otros. Cuando esta persona a la que apoyamos ya no está, nos damos cuenta que no hay más propósitos en nuestra vida, nos sentimos abandonados y no sabemos cuál es siguiente paso a dar.

Somos una familia muy unida

Hay familias que todo lo hacen juntos, ante cualquier problema están unidos y eso se siente muy especial. También hay familias que tienen algunas características adicionales, como miembros que buscan que los demás giren alrededor suyo; otros anteponen las prioridades de los familiares en lugar de su matrimonio, generando problemas con sus parejas con tal de complacer los caprichos de sus parientes.

Fanáticos de un artista

Este es el más común en los adolescentes, el problema radica en mantener este fanatismo cuando somos adultos. Le damos mayor prioridad a un programa de espectáculos u otras actividades que a nuestras propias vidas. Hace años, una actriz de cine fue a juicio por robar en una tienda de ropa, sus fanáticos estaban protestando frente al juzgado para que la liberaran, al ser entrevistado, un fan decía que debido a que era una estrella de talla mundial podía hacer lo que quisiera y no tenía que cumplir las leyes de los demás. En su momento, tal afirmación me causó gracia, no obstante, me percaté que muchas personas piensan lo mismo, creen que su vida es plena si viven la vida de estas personas de la farándula, viven pendientes de sus actividades a través de las noticias. Pensé, con los años, que muchos adultos que dejaban la adolescencia olvidaban este tipo de fanatismo, pero muchos siguen teniendo esta idea, aunque tengan familia.

Mi vida no es interesante

Esta afirmación tal vez resuma los puntos anteriores, podría decir que es el resultado de muchas cosas como pensar que tenemos una vida sin un propósito, tener una autoestima baja, sentir que no se puede hacer algo importante, que no se tiene dinero, etc. Cuando vemos a personas triunfar pensamos que no podremos hacer algo similar y comenzamos a justificar esta actitud. Es más cómodo, desde nuestro sillón, decir que nuestra vida no es especial.

¿Por qué las creencias influyen en nuestro destino?

Las creencias hacen de brújulas en nuestra vida, nos dicen a dónde ir y nos puede ayudar a tener una visión más amplia de como ver la vida, o nos pueden limitar. Si fallamos, dependerá de ellas si nos justificamos y decimos frases como:

- Otros logran sus objetivos porque tienen dinero y yo no lo tengo, si lo tuviera, también haría lo mismo.
- Tuvieron el apoyo de sus padres, yo no tuve ese apoyo.
- Somos muchos hermanos, a mí no me apoyaron como a los demás.
- No puedo, no tengo tiempo.
- Así soy yo, no puedo hacerlo.
- A mis familiares o amigos no les parecerá.

¿Te sientes identificado? Son nuestros pensamientos los que nos mueven a realizar alguna actividad, el cuerpo no se moverá sin que sea dirigido por nuestro cerebro. Ahora bien, nuestros pensamientos obedecen a nuestras creencias, es la base de cómo nos hemos formado en nuestra vida, sin que nos demos cuenta, nuestras habilidades y pasiones se van limitando, comienzan a influenciar nuestros pensamientos. A continuación, te mencionaré algunas creencias limitantes:

Yo puedo hacerlo solo

Estuve escuchando un *podcast* donde comentaban que en muchos países tienen como cultura que a las personas se les enseña a resolver los problemas solas, siendo capaces de solucionar todo sin pedir ayuda a los demás. Esto se ve muy positivo ya que estamos acostumbramos a encarar los problemas solos y no esperar ayuda de nadie como, por ejemplo, al hacer la limpieza de nuestro cuarto, buscar un empleo, iniciar una tarea, etc. El problema con ello es que posiblemente no seamos eficientes al momento de resolver los problemas que tengan un alto grado de complejidad. Cuando escucho este tema, pasan por mi mente las veces que estuve dirigiendo equipos que por cultura les encantaba resolver los problemas solos, no le preguntaban a nadie cómo solucionarlos. En una ocasión, tomé vacaciones por quince días y al regresar le pregunté a una persona -que no tenía mucho tiempo trabajando conmigo- cómo le fue en las tareas que le había asignado; me comentó que no había avanzado, no había entregado la primera asignación desde que me fui de vacaciones, no había encontrado la solución al problema y no había preguntado a ningún compañero cómo solucionarlo, estaba decidido en averiguar cómo hacerlo solo. Al escuchar esto me di media vuelta y le pregunté a otro compañero que estaba a la par (de otro equipo de trabajo) cómo se podría solucionar este problema, él nos comentó cómo arreglarlo y a esto lo recuerdo tan bien porque la solución se realizó en ¡menos de una hora! Este tipo de creencia nos limita a crecer. He aprendido con el tiempo que es más rápido aprender de los demás y, a la par, acelerar mi crecimiento. Es como estar en una estación de buses y querer tomar un bus, pero no saber cuál; nos acostumbramos a no preguntar y, por ello, perdemos en varias ocasiones la oportunidad de abordar el mejor bus. Esto no es cuestión de mala suerte, es un tema de cómo vemos las cosas que nos rodean.

Filosofía familiar

Tenía un amigo que me comentaba que su padre deseaba que al graduarse de la universidad buscara un trabajo estable, saliera a una hora establecida y pudiera jubilarse tranquilamente. Esta influencia de los padres es muy común, me imagino que conocerán a muchas personas que buscan una profesión de acuerdo con la voluntad de sus padres porque, de lo contrario, tendrán problemas con ellos. No solamente tienen influencia en la profesión, sino también en la vida personal, religión, amistades, etc. Conozco a más de una persona que sigue la religión de su padre y no puede salir de ella porque, de lo contrario, lo deshereda. En muchas ocasiones, esta influencia paternal hace que los hijos se acomoden en sus vidas, decidan seguir sus reglas y esperar recibir la herencia para resolver su situación económica. Tristemente he visto varios casos en los cuales los hermanos pelean por la herencia, aun estando sus padres con vida.

Situación económica

Puede suceder que tengamos muchas ganas de hacer un negocio, pero al pensar que no tenemos capital, nos detenemos, asumimos que no podemos conseguirlo y abandonamos nuestro sueño. Creemos que no tenemos la habilidad para atraer el dinero hacia nosotros o no poder manejarlo (descartamos solicitar un préstamo a un banco), como consecuencia, nos limitarnos para seguir adelante. A veces nos comparamos con otras personas y consideramos que no tenemos la misma suerte que ellos.

No me hago responsable de mi vida

Hay personas que creen que los demás son responsables de su situación, cuando tienen un fracaso, culpan a los demás, creen que ellos son perfectos y que la culpa es de otros; responsabilizan a los padres porque no alcanzaron sus metas; si los despidieron fue porque el jefe era malo o sus compañeros le tenían envidia, entre otros ejemplos. Si hablamos con estas personas veremos que están convencidas de que tienen la razón, creen que sus acciones son correctas.

Baja autoestima

El creer que no se tiene el físico, las habilidades o las destrezas suficientes hace abandonarlos. En muchos países, está arraigada la idea que para salir en un programa de TV se debe ser de piel blanca, tener cabellera rubia, medir más de 1,80 metros... si alguien no cumple estos «requisitos», mejor que ni lo intente. Esto ha hecho que se sientan influenciados por cómo los ve la sociedad y desistan de seguir adelante. Actualmente, hay muchas personas que no se han dejado intimidar por estas ideas (se han enfrentado a una discriminación en diferentes medios de comunicación) y han triunfado. Estas personas tienen su autoestima muy alta, algo muy favorable porque no tienen problemas con los comentarios de las personas y pueden salir adelante en sus carreras.

Creencias preestablecidas

¿Cuántas veces nos ha pasado que no sabemos reaccionar cuando deseamos buscar un objetivo? En ocasiones nos detenemos porque nos limitan nuestras creencias, pensamos que no es el camino que debemos seguir porque no va de acuerdo con nuestras tradiciones, ya sea porque tenemos influencia de nuestras personas más cercanas, por alguna ley, por la religión, etc. Hace más de quinientos años se pensaba que la Tierra era el centro del universo y muchas personas tuvieron problemas con la iglesia por decir que no era cierta esta teoría. Podemos pensar en otras creencias que nos han inculcado desde que eramos niños, una creencia muy común es decir que no podemos cambiar. ¿Cuántas veces escuchamos la siguiente frase «así soy yo, no voy a cambiar»? Esta frase la escuchaba de los adultos cuando era niño y me preguntaba si realmente no podría ser diferente; con los años los observaba decir que tenían el carácter de la familia, justificándose, sabían que se comportaban mal y lo decían orgullosos.

A cada acción hay una reacción

Nuestras creencias definirán a dónde queremos ir en nuestra vida. Hay muchas personas que tienen creencias de acción, de ayudar a los demás, de ser mejores; asimismo, hay otras personas que tienen creencias poco honestas o cómodas, por llamarlo de alguna manera: casarse con alguien que tenga mucho dinero, ganarse la lotería o esperar una herencia. Este tipo de creencia influye en nuestros pensamientos y genera acciones para alcanzar objetivos. El que tengamos una creencia de vivir sin mucho esfuerzo hace que realicemos actividades de poco esfuerzo. El esfuerzo que realizamos se ve reflejada a nuestro alrededor.

En una clase de Física Fundamental, aprendí la tercera ley de Newton: «Con toda acción ocurre siempre una reacción igual y contraria: quiere decir que las acciones mutuas de dos cuerpos siempre son iguales y dirigidas en sentido opuesto», esto significa que siempre hay una reacción a cada acción que se realiza. En nuestra vida diaria ocurre lo mismo: por cada acción que realizamos se genera una reacción. Si llegamos tarde a nuestro trabajo, habrá una reacción de nuestros jefes y nos llamarán la atención, si le faltamos el respeto a otra persona, es casi seguro que se ofenda y tengamos problemas con ella, si estamos desempleados y no queremos buscar un trabajo, las personas a quienes les debemos nos estarán acechando para que les paguemos, si nos interesamos en el prójimo, sentiremos una respuesta de ellos. A veces, pensamos que nuestra acción no les interesa a los demás, pero de una u otra manera sí afectamos a otras personas, solo es cuestión de verlo desde la perspectiva apropiada.

Cambiemos nuestras creencias

Las primeras veces que escuchaba que debía de cambiar mis pensamientos para ser mejor o alcanzar mis objetivos, salía de esas conferencias muy motivado y con esperanzas de ser mejor. A veces me encontraba a las mismas personas en estas conferencias, nos saludábamos y comentábamos cómo nos iba con nuestro crecimiento personal.

En un principio solo hablábamos cosas superficiales, en las siguientes reuniones en las que nos encontrábamos realizábamos preguntas más específicas, como: «¿Qué debemos hacer para cambiar de pensamiento?». Y ahí, al platicar un poco más, nos dábamos cuenta que debíamos ser más detallistas en ello, nos percatábamos que teníamos ciertas barreras en nuestros pensamientos que no nos dejaban avanzar, veíamos que cada uno de nosotros tenía ciertas creencias que originaban nuestros pensamientos y eso nos bloqueaba para ver las cosas de diferente manera.

Hacernos responsables de nuestras vidas

Lo más seguro es que pensemos que ya lo hacemos. Si tenemos una familia, tenemos la responsabilidad de protegerlos; si tenemos un empleo, somos responsables de hacer un buen trabajo. Si pensamos en cómo ha sido nuestro crecimiento con respecto a nuestras habilidades, ¿será que nos hemos responsabilizado de crecer? Si lo vemos más a fondo, cuando somos niños nos dan cierta educación y ciertos valores y se espera que nos comportemos de esa manera toda la vida. Ahora bien, si lo analizamos desde otra perspectiva, alguien más se hizo responsable de decirnos qué camino tomar y cómo ser felices. Para muchos, esto les ha dejado una vida tranquila y asegurada hasta su jubilación, o quizás no estén contentos y sientan que desean hacer algo más pero no saben cómo y culpan de su situación a los demás, al gobierno, etc. Es ahí donde tienen que hacerse responsables de sus acciones, ser conscientes que pueden decidir qué camino seguir, qué herramientas tomar para hacer las cosas diferentes. Hay una frase que se le atribuye a Einstein: «Si buscas resultados distintos, no hagas siempre lo mismo» (Bautista, 9 de febrero de 2019), si queremos mejorar en nuestras relaciones, en nuestra situación laboral y en otras actividades, debemos hacer cosas diferentes y, entre ellas, hacernos cargo de nuestro destino. No esperemos que alguien más lo haga, si queremos ser ricos y nuestra estrategia es ganarnos la lotería, hay una probabilidad muy baja. Conozco a pocas personas que se han ganado la lotería y a muchas otras que llevan toda su vida comprándola y no ganan nada, así que esa no es la mejor idea para la mayoría de nosotros, debemos usar otra estrategia para mejorar nuestra situación económica.

Tal vez toda nuestra vida hayamos pensado que no tenemos suerte, no tenemos dinero, no somos muy inteligentes, no somos atractivos físicamente, no tenemos estudios, ya estamos grandes, etc. Podemos leer o investigar a muchas personas que han sobresalido a pesar de los impedimentos que han tenido en sus vidas y podemos preguntarnos qué los hace diferentes. La respuesta es que ven las cosas con ojos diferentes a los nuestros, se hicieron cargo de sus vidas y avanzaron. Si tenían limitaciones físicas, algunos las superaron y otros posiblemente las aprovecharon para seguir adelante. Si creemos que nuestra situación actual nos limita a realizar muchas cosas que deseamos y no sabemos qué hacer para mejorar, podemos preguntarnos qué nos hace falta. Si queremos ser oradores y cuando vemos a alguien en el podio pensamos que no podemos hacerlo, lo usual es que abandonemos la idea y comencemos a inventarnos justificaciones para no hacerlo: no tengo carisma, no tengo la voz, me da miedo hablar a muchas personas, es una pérdida de tiempo y dinero. En cambio, si pensamos qué nos falta, cómo lo haremos, si necesitamos algún curso para ser mejores, sabemos qué esperar al inicio y ya estamos haciéndonos responsables de nuestro destino. Hacernos cargo de nuestros objetivos nos dará libertad, no dependeremos de otras personas para ser felices, dependerá de nosotros. Si esperamos que nuestra pareja nos haga felices en lugar de hacernos responsables, tal vez nuestra situación se complique porque haremos que nuestra relación dependa de las acciones de nuestra pareja para sentirnos felices; muchas relaciones no funcionan por esto mismo, porque no se hacen responsables de su felicidad y le dejan la responsabilidad a la otra persona.

¡Hagamos que nuestra vida sea importante!

Todos tenemos historias que contar. A veces creemos que nuestra vida es aburrida y nada interesante, no obstante, si buscamos un poco más, veremos que tenemos historias interesantes y que pueden ayudar a otros a seguir adelante. Debemos considerar algunos puntos para que nuestra vida sea importante:

Somos referencia para alguien más

Para bien o para mal, nuestras acciones las ven las demás personas; si tenemos hijos, ellos recordarán nuestras acciones. En una ocasión, platiqué con una persona que contaba anécdotas de su padre, contaba cosas buenas y malas que le habían pasado, lo describía como una persona que no había tenido éxito y, a pesar de ello, seguía sus ejemplos (buenos y malos) y lo recordaba con mucho cariño a pesar de sus defectos. En sí, la gente se da cuenta de nuestras acciones, buenas o malas, se percatan de ellas (aunque no nos lo digan), así que quiero darte la gran noticia: los demás se fijan en nosotros.

Agregamos valor a las demás personas

Tal vez no nos demos cuenta que somos un punto de referencia para algunas personas. Podemos reflexionar sobre las acciones que realizamos ya que agregamos valor a otras personas sin que ese sea nuestro objetivo. Si nos gusta algún deporte, podemos pensar en ayudar a otros a practicarlo. Ayudar a los demás de manera intencional genera mucha satisfacción y un sentimiento de felicidad.

Tenemos una historia que contar

Todos tenemos historias, ya sean buenas o malas. Por muchos años pensé que no tenía algo que contar a los demás y me he dado cuenta que siempre hay alguien que quiere escucharnos y nos agradece por lo que contamos, ya sea temas gerenciales, técnicos, financieros, de vida, experiencias como padre, etc.

El principal obstáculo que tenemos al alcanzar nuestros objetivos somos nosotros mismos, ya que creamos obstáculos para poder avanzar, pero, al momento que veamos que es posible, nos daremos cuenta que crecer y maximizar nuestro potencial se puede realizar de diferentes maneras. Tal vez pensemos que el mundo que nos rodea está en nuestra contra, pero cuando comenzamos a cambiar nuestras creencias, cambiarán nuestros hábitos y nuestros pensamientos de cómo debemos mejorar y estos se convertirán en acciones haciendo que nuestra situación comience a mejorar.

En este capítulo hemos hablado sobre la importancia de las creencias en nuestro desarrollo personal, ahora empezaremos a abordar algunos caminos para acelerar nuestro desarrollo.

¿Te animas a seguir leyendo?

Capítulo 2

¡Estudiar como único camino para crecer!

La fortaleza y crecimiento llegan solo a través de esfuerzo y lucha continuas.
Napoleón Hill

El título de este capítulo es algo que se escucha a menudo. En mi familia no se usaba esta frase; no obstante, pensábamos que era fundamental graduarnos de la universidad para seguir adelante en nuestras vidas. Cuando era niño, estaba en la escuela, formado en el patio, esperando el inicio de un acto cívico y me abrumaba la idea de estudiar toda mi vida. Comencé a sacar cuentas de cuántos años tenía que estudiar para graduarme del nivel intermedio, agregué los años que podría estudiar en la universidad, pensé que, si me graduaba a los veinticinco años, ¡me faltaban quince años! No era un genio para los estudios, sin embargo, no me iba mal.

En esa época conocí a personas de veinte años que no seguían estudiando, trabajaban como vendedores y creía que no les iba muy bien (eso creía en esos tiempos), pensaba que les iba mucho mejor a los que trabajan en una panadería ya que vestían a la moda, los veía todo el día y siempre tenían dinero para comprar cosas. Mis papás comentaban que, en la época en que ellos estaban recién casados, no había muchos panaderos en el barrio y los supermercados no existían, los vecinos iban a pocas panaderías a comprar su pan en la mañana y en la tarde. A los dueños de las panaderías les iba muy bien, se les conocía porque tenían muchas propiedades y era una tendencia en las personas tener como negocio una panadería. Para entonces, me preguntaba si era la profesión que tomaría. Cuando tenía aproximadamente doce años, asistí a una obra de teatro que se llamaba *M´hijo, el Bachiller* (Galich, 1953). Era una comedia que relataba la historia de un hijo que se graduaba de Bachiller, era el orgullo de sus padres porque se imaginaban que se le abrirían todas las puertas en la sociedad. Creo que esta obra influyó en mí para afianzar mi creencia que debía graduarme y que mi futuro iba a depender de ello.

Al graduarme de una carrera de nivel intermedio, no estaba en mi mente trabajar en ese momento, mis padres me apoyaron en seguir estudiando en una universidad privada, me dediqué exclusivamente a estudiar y pude graduarme en el tiempo establecido. En esa época, había más comercio, había una panadería en cada esquina y cada cierto tiempo, quebraban por la competencia que existía entre ellas, así que trabajar en una panadería ya no estaba de moda. Muchos de los muchachos a quienes les había ido muy bien trabajando en una panadería se habían cambiado de trabajo, los tiempos cambiaban. Mis expectativas se estaban cumpliendo, tenía un trabajo de acuerdo con mi profesión, ya que me habían ofrecido un empleo en el último año de mi carrera, y seguí estudiando un postgrado. Mis amigos estaban tomando su camino a nivel profesional, muchos de ellos buscaron un empleo que ofreciera estabilidad para sus vidas, unos siguieron estudiando otras carreras, otros se dedicaron a actividades que no tenían relación con sus creencias; estaban tomando caminos diferentes al mío. Me preguntaba si el camino que había tomado era el único para mí, estaba comenzando a pensar que mis acciones eran reflejo de mis pensamientos y que estos me limitaban para hacer algo diferente, estaba cuestionándome si la única manera de crecer era seguir en la universidad. Me percataba que muchas personas eran dueñas de grandes empresas y no tenían títulos.

No se crece solo porque se lee y se tiene experiencias

Veo muchos anuncios que dicen que los CEO de grandes empresas leen más de sesenta libros al año, indicando que debemos leer la misma cantidad. Algunas personas me han comentado que no paran, creen que entre más libros leen, más rápido crecerán. Me apasiona leer, en casa leemos libros de crecimiento, tecnología, novelas, entrenamiento, eentre otros, sin embargo, con el tiempo, me he dado cuenta que si leo muchos libros es seguro que no recuerde el mensaje del libro ni mucho menos lo aplique en mi vida. Lo mismo sucede con los cursos que tomamos en la universidad, certificaciones o conferencias. En varias reuniones, conversaba con otras personas sobre un tema de crecimiento (personal, científico, etc.) y con frecuencia me decía: «esto ya lo sabía». Ahora, en lugar de decirme esto, me hago la siguiente pregunta: «¿Qué tan bien lo hago?». Hay una diferencia muy grande entre lo que sabemos y lo que realmente hacemos. Aunque leamos mucho o tomemos algún curso, si no nos detenemos a reflexionar cómo podemos aprovechar este aprendizaje, no servirá de mucho que sepamos cómo cambiar si no lo vivimos.

Con las experiencias ocurre lo mismo, puede que no aprendamos de ellas. He escuchado una frase que dice: «Tropezar con la misma piedra es una decisión», algunas personas tropiezan una y otra vez con la misma piedra y justifican por qué ocurre. Lo mejor es evaluar las experiencias para hacerlo mejor la próxima vez.

Seamos responsables de maximizar nuestro potencial

Cuando pensamos en nuestras habilidades, podemos pensar que no hemos alcanzado nuestro máximo potencial, concluimos que no supimos desarrollarlo en su momento y que ahora es demasiado tarde o no sabemos cómo hacerlo. Quizás nos preguntemos si podemos maximizar estas habilidades y descubrir otras, lo siguiente es preguntarnos cómo podemos hacerlo. La respuesta es creciendo intencionalmente.

Nosotros somos únicos, cada uno de nosotros tiene diferentes características y habilidades que nos diferencian de los demás, puede que sean similares a las nuestras, sin embargo, no tendremos el mismo nivel de desarrollo y esto hace que cada uno de nosotros tengamos intereses distintos para crecer, mejorar como profesionales, como seres humanos, en carácter, etc.

Un comentario que escucho a menudo es que solamente comenzaremos a trabajar en nuestras habilidades cuando es necesario. Antes que dirigiera mi primer equipo, pensaba que me darían un tiempo de gracia para capacitarme, el problema de pensar así es que no nos esperan por mucho tiempo y puede que nos reemplacen. En esa ocasión, no había mucho tiempo para capacitarme en horario laboral y comencé a hacerlo por las noches, en las áreas que necesitaba rendir lo mínimo que esperaban de mí, pero esto me generó muchos problemas porque dejaba muchos temas sin resolver (mis jefes solo esperaban resultados). Un día, salí del apuro al comenzar a capacitarme antes de que lo necesitara y esto generó muchos beneficios en mi rendimiento. Hay muchas personas que asumen que es responsabilidad de sus jefes capacitarlos, se quedaron esperando que se les diera ese tiempo y el resultado fue que no se les tomó en cuenta para otras actividades. Su actitud pasiva les pasó factura.

Creencias del crecimiento personal

Tal vez tengamos algunas ideas de cómo desarrollarnos a través de nuestro entorno, algunas de estas ideas se consideran verdaderas y, en ocasiones, nos pueden limitar. Estas pueden ser:

El crecimiento es un proceso natural

Se cree que el crecimiento y la madurez son similares al crecimiento biológico. John Maxwell en su libro *Las 15 leyes indispensables del crecimiento* dice: «Nadie mejora por accidente. El crecimiento personal no ocurre por sí solo» (2013, p. 3). Es decir, pensamos que al pasar los años se desarrolla de manera natural y lamentablemente no es así, el crecimiento personal es como la madurez, no necesariamente va de la mano con la edad. Podemos ver a muchas personas de veinticinco años que son muy maduras y otras que, a la edad de cincuenta, la madurez no llegó a su puerta. Lo mismo pasa con nuestro crecimiento, debemos responsabilizarnos para crecer y ser mejores, no esperar que alguien o algo ocurra para hacerlo. Pensar que nuestro crecimiento se da de manera natural hace imaginarnos que los resultados se deben a la suerte, lo que ocasiona que algunas personas se acomoden y esperen que el éxito venga a tocar a la puerta y, si no llega, es porque así es su destino.

El crecimiento dependerá de su experiencia o sufrimiento

Es cierto que al tener alguna experiencia aprendemos de ella, pero esto no quiere decir que vamos a alcanzar el máximo potencial, es más, haber vivido alguna experiencia no garantiza que mejoraremos:

- Si somos buenos para dibujar, pero la experiencia es sobre servicio al cliente, no hay una relación directa en cómo puede ser útil esa experiencia para mejorar las habilidades de dibujo. En el mejor de los casos, nos desarrolla en un área de servicio, pero ese no era nuestro objetivo final y eso puede deprimirnos.

- Estamos en un lugar desarrollando nuestras fortalezas: Si nos gustan las ventas y tenemos un trabajo relacionado en esta área con más de diez años de experiencia, a lo mejor mejoramos las habilidades para vender, sin embargo, esa experiencia podría no ser suficiente porque llevamos haciendo lo mismo por muchos años o ya no da más para nuestro crecimiento y nos estancamos. Estamos permitiendo que alguien nos enseñe según sus límites, no es seguro que alcancemos el máximo potencial ya que permitimos que otros se responsabilicen de nuestro crecimiento.

- No obtenemos el máximo provecho a la experiencia porque no sabemos cómo hacerlo, es decir, no nos detenemos a analizar qué aprendimos de ella, dando como resultado la misma experiencia varias veces y, por consecuente, el mismo resultado. Esto se debe a que no evaluamos qué ocurrió y repetimos la misma acción generando el mismo fin.

Si estamos adquiriendo experiencia sobre algún área donde somos fuertes, debemos analizar hasta dónde llegaremos con ella y evaluar cuándo podría ser el momento para hacer un cambio -en otro lugar- para crecer en nuestras habilidades.

Me gradué de la universidad, mi futuro está definido

Es una creencia popular que un título ayudará a conseguir un trabajo y se disfrutará de la vida. Algunos piensan que nuestro esfuerzo en la universidad es como una siembra y estaremos cosechando siempre, pero esto no es garantía de éxito: hay carreras que se desactualizan o desaparecen con el tiempo. Algunas personas creen que ya no hay responsabilidad de crecer, que la universidad es la única fuente de crecimiento. Desarrollarse abarca varias áreas como habilidades, competencias y conocimiento. Estudiar una carrera incrementa nuestros conocimientos en matemáticas, literatura, psicología, etc.; sin embargo, no proyecta cursos para mejorar habilidades, se especializa en darnos conocimientos que algunas personas no saben cómo aplicar. La universidad define un *pensum* y nosotros debemos seguirlo nos guste o no, podríamos decir que estamos cediendo la responsabilidad de crecer para alcanzar nuestro potencial.

Otras fuentes que ayudan a crecer

Siempre estamos creciendo, aunque no nos demos cuenta, lo importante es saber cómo podríamos crecer y aprovechar los recursos que tenemos a la mano. Hay muchas maneras de aprender y las fuentes de referencia puede que cambien según la época. Al graduarme de la universidad no existía un lugar para ver videos, ni redes sociales, ni *podcasts*, así que debíamos actualizarnos sobre las herramientas que teníamos para obtener el máximo provecho. Te puedo comentar algunas maneras de hacer crecer nuestras habilidades:

Los libros son una fuente de conocimientos

Esta es una manera muy sencilla de aprender, me encanta leer libros desde niño, algo que aprendí de mi padre. Es una manera muy barata de obtener conocimiento -en forma física o virtual- y experiencia de otras personas; incrementa nuestros conocimientos en todas las áreas que deseamos, pero no necesariamente mejorará nuestras competencias.

Las herramientas digitales facilitan el aprendizaje

Internet ha cambiado la forma de comunicarnos en poco tiempo. Las redes sociales que usamos a diario son una vía para aprender de otros, en varias de ellas se forman grupos de crecimiento para oradores, negocios, dietas, filosofía de vida, etc.; es otra manera de incrementar nuestros conocimientos. Hay otras herramientas en Internet que nos pueden ayudar, están los *blogs*, *podcasts*, la descarga de videos interesantes y los grupos sociales para aprender. En estas podemos buscar contenido y artículos sobre los temas de nuestro interés y existe mucha gente especializada que aporta valor a través de estos medios.

Las certificaciones y diplomados para especializarnos

Esta es una vía para incrementar ciertas habilidades. En algunos casos, es requisito tener cierta experiencia para poder tomar la certificación. Una ventaja que poseen es tratar temas que se enfocan en áreas muy específicas. En diplomados o certificaciones se realizan actividades para trabajar en nuestras habilidades.

Un Coach para maximizar nuestro potencial

Un coach nos ayuda a incrementar nuestras habilidades de manera personalizada, nos ayuda a desarrollarnos en las áreas que deseamos. Es un camino muy efectivo para alcanzar nuestros objetivos y maximizar nuestro potencial.

Buscar un Mentor para aprender de alguien con mayor experiencia

Un mentor es una persona que ha recorrido un camino y se ha vuelto experto en un área, ayudará a recorrer el camino que deseamos de una manera más eficiente e incrementará nuestras habilidades en relacionadas a su área de experiencia. Si deseamos mejorar en un negocio podemos buscar un experto que es bueno en ello, nos ayudará a tomar decisiones que aceleren el alcance de este objetivo.

Detengámonos para analizar qué aprendimos

Es frecuente pensar que no podemos detenernos, siempre seguimos adelante, sin embargo, podemos hacer una pausa para analizar qué está pasando y evaluar cómo podemos aplicar lo aprendido. Es habitual creer que al leer varios libros o tener alguna experiencia hemos recibido información, pero no la estamos analizando y tampoco madurando, debemos dedicarle un espacio a meditar cómo podemos aprovechar esa información o experiencia para aplicarla en nuestra vida, y es posible que signifique hacer cambios importantes de creencias y/o hábitos. Cuando nos detenemos a reflexionar descubrimos que hay varias maneras de enfocar la experiencia que hemos tenido, en algunos casos podemos pensar que debemos crecer en áreas que están fuera de nuestra zona de comodidad y nos resistimos. Una forma de encarar este reto es analizar cómo somos, cuál es nuestra personalidad, cómo es nuestro carácter, cómo están nuestras emociones, cuáles son nuestras fortalezas y debilidades; debemos investigar cómo crecer. Tener una experiencia o información para crecer no significa que no podamos indagar un poco más. Investigar nos ayudará a tener otras perspectivas, nos hará madurar aún más en el área que estamos creciendo. Si tenemos dudas, el investigar nos podrá ayudar a esclarecerlas. Ya no tenemos pretexto para decir que no sabemos dónde buscar; usar Internet es un buen comienzo.

En este capítulo hemos visto varios caminos para acelerar nuestro desarrollo, no obstante, debemos conocer nuestra situación para determinar qué paso seguir.

Capítulo 3

Para crecer debo conocerme

Solo hay una pequeña parte del universo de la que sabrás con certeza que puede ser mejorada, y esa parte eres tú.
Aldous Huxley

Existen algunos programas de *reality show* en los que los jóvenes podían realizar su sueño de ser cantantes. Muchos de ellos no son muy buenos y uno se pregunta cómo es que está esa persona en esa competencia. Algo parecido nos pasa cuando queremos desarrollar nuestras habilidades, queremos hacer algo y pensamos que somos buenos, pero puede que no lo seamos y nos decepcionemos porque no lo logramos, no analizamos en qué somos buenos y en qué área no lo somos. Debemos conocer qué nos gusta y qué no, cuáles son nuestras fortalezas y debilidades, debemos saber dónde nos encontramos ahora para determinar qué paso seguir.

Hay habilidades en las que nos percatamos que somos buenos, por ejemplo, jugar cierto deporte, tener destreza en el dibujo, ser orador, ser bueno en matemáticas, en los negocios, etcétera. Si tenemos una idea de nuestras fortalezas, es básico saber qué tan buenas son y si esto es suficiente para alcanzar nuestros objetivos.

Cuando estaba estudiando, tenía amigos a los que les era fácil la materia de Física, se presentaban a clase y hacían sus tareas para prepararse para el examen. Simplemente eran buenos, pero si competían, no sobresalían en comparación con los demás competidores, esto se debía a que estos últimos se preparaban, se apasionaban y siempre buscaban cómo mejorar y alcanzar un nivel más alto en esa área, estaban siendo responsables en hacer crecer sus habilidades, mientras que mis amigos no.

De igual manera, debemos saber en qué áreas no somos tan fuertes y analizar cómo nos afectará para llegar a nuestra meta. Lo mejor es enfocar nuestros esfuerzos donde están nuestras fortalezas y de esta manera optimizaremos nuestras acciones siendo más estratégicos en nuestras prioridades.

¿Quién soy?

Esta es una pregunta que no nos gusta hacer, es común no responderla, pero al momento en que tomamos conciencia de cómo somos, podremos concluir si esta pregunta ha influido en el alcance de nuestros objetivos. Podemos hacernos estas otras en su lugar:

¿Cómo nos ven los demás?

Si nos da miedo hacer esta pregunta podemos comenzar a sospechar que no nos gusta recibir retroalimentación de otras personas, podemos pensar que lo único que importa es nuestra opinión. Cómo nos ven los demás no importa, lo importante es que podamos discernir qué comentarios nos pueden beneficiar para ser mejores. Escuché en la radio sobre una persona que publica contenido por video en las redes sociales y comentaba que los mejores consejos los obtenía de quienes colocaban comentarios negativos en su página con el objetivo de hacerlo quedar mal ante sus seguidores, señalaban que el contenido no era bueno porque estaba mal redactado, el tema no era completo porque no contemplaba ciertos casos, etc. Los comentarios eran duros, usaban palabras obscenas; sin embargo, tenían algo de razón, el dueño de la página los aprovechaba para mejorar. A veces los comentarios son como la cerveza, hay que quitarle la espuma para poder saborearla. También depende de nosotros tener un criterio para poder decidir qué comentario se toma para mejorar y qué comentario no se debe tomar en cuenta.

Habrá observaciones que tengan un choque con nuestras creencias, eso suele pasar, lo importante es evaluar sus argumentos y poder tomar una decisión sobre si cambiamos de opinión o no.

¿Somos personas complicadas?

A lo mejor pensamos que no lo somos, esto puede ser crucial en nuestras relaciones, puede hacer que un objetivo no se alcance porque a las personas no les gusta estar con nosotros. He escuchado a varias personas decir que ni ellas mismas se soportan, César Lozano en su libro *"El lado fácil de la gente difícil"* los define: «Son personas con múltiples conflictos sin resolver, pretenden mantener o agrandar su imagen a costa de lamentarse de todo, chantajear emocionalmente, tienen miedo de ser agredidas en alguna forma, y tratan de dañar la imagen de los demás» (2018, p. 20). Quizás sintamos que somos personas difíciles o tengamos a alguien así en nuestro entorno, debemos trabajar sobre este punto para poder alcanzar nuestros objetivos. En sí, debemos crecer.

En una ocasión, una persona me expresó que quería hacer videos, conferencias y otras actividades que agregaran valor a otras personas en su crecimiento personal; comentaba que no lograba conectar con los demás y reconocía que su temperamento era fuerte (¡en esa charla me había percatado de eso!). Al preguntarle si no había relacionado su temperamento con la poca respuesta de la audiencia, me dijo que no lo había considerado, así que iba a trabajar en ello. Con el tiempo volvimos a platicar y me comentó que estaba trabajando en mejorarlo y eso le estaba beneficiando en alcanzar sus objetivos.

Los individuos que hacen sentir mal a los demás, con frecuencia, tienen problemas internos, tratan de desquitarse con quienes están a su alrededor. Esto lo vemos en todas las edades, a veces lo hacemos sin darnos cuenta y es probable que pensemos que ese es un problema de la persona que hace sentir mal a los demás y que nosotros no somos así. Sin embargo, nuestro sufrimiento es externado a nuestro entorno más cercano. Una buena opción sería autocontrolarse cuando algo así ocurra y esto se puede trabajar. Si las demás personas piensan que somos difíciles, puede ser una causa para no avanzar en nuestros objetivos. Estar mejorando me ha dado muchas satisfacciones no solo a nivel profesional sino a nivel personal. Lo primero es ser sinceros con nosotros para tomar decisiones y avanzar.

¿Sabemos a dónde ir?

¿Cuántas veces nos preguntamos qué queremos? Si estamos satisfechos con la vida que llevamos respondemos que nuestra vida es plena, lleva más tiempo responder si sabemos en dónde queremos estar a mediano y largo plazo. Hay personas que ya saben a dónde ir y lo hacen, esto es clave para forjar nuestro destino.

Ahora bien, si tenemos la visión, ¿qué hacemos con ella?, ¿la seguimos? Debemos visualizar en nuestra mente qué deseamos lograr, no necesitamos verlo físicamente para creer, esto nos separa de los demás, podemos crear cosas que aún no existen. He leído recientemente que, en unos años, se necesitarán personas con especialidades que no existen hoy y ya están preparando el camino para capacitarlas. Esto es saber a dónde ir.

Definir nuestra visión y reevaluarla es un proceso que debe realizarse continuamente. Velar que se esté cumpliendo lo planeado, si necesita cambiarse de acuerdo con nuestra situación, por ejemplo, un cambio de empleo, la edad, una pérdida personal, etc., todo esto puede desencadenar que los planes definidos anteriormente ya no tengan sentido y sea necesario redefinirlos ante este nuevo cambio en nuestras vidas.

¿Qué temperamento tenemos?

Es frecuente confundir el temperamento con el carácter. Muchas personas creen que alguien que grita mucho y se pone rojo de ira tiene un gran carácter y se le admira, en realidad, tiene un temperamento que no puede controlar. También he escuchado a padres diciendo que sus hijos tienen un temperamento complicado y no pueden hacer nada con ello, dicen con orgullo: «es la herencia de la familia»; es una solución muy sencilla: justificar para no mejorar. Con el tiempo, he entendido que se valora más a las personas que conservan la calma ya que pueden resolver los problemas de mejor manera.

El psicólogo Arturo Torres (s.f) comenta en su *blog* que «el temperamento hace referencia a la dimensión biológica e instintiva de la personalidad, que se manifiesta antes que el resto de factores» y define el carácter como «consecuencia de las experiencias que vivimos, que influyen en nuestra forma de ser modulando las predisposiciones y tendencias biológicas, es decir, temperamentales». En sí, el carácter está influenciado por el ambiente en que vivimos y cómo nos desarrollamos, mientras el temperamento es algo que ya lo tenemos y lo que podemos hacer es controlarlo; al carácter lo podemos formar.

Hipócrates (460-370 a.C.) ya había comentado sobre los diferentes temperamentos que tenemos. En Wikipedia se menciona lo siguiente:

- **Sanguíneos:** personas con un humor muy variable.

- **Melancólicos:** personas tristes y soñadoras.

- **Coléricos:** personas cuyo humor se caracterizaba por una voluntad fuerte y unos sentimientos impulsivos, en las que predominaba la bilis amarilla y blanca.

- **Flemáticos:** personas que se demoran en la toma de decisiones, suelen ser apáticas, a veces con mucha sangre fría, en las cuales la flema era el componente predominante de los humores del cuerpo.

Para crecer debemos saber cómo somos, qué temperamento tenemos (colérico, sanguíneo, melancólico o flemático), cómo está nuestra autoestima, cómo es nuestro carácter, cómo vemos la vida, si somos introvertidos, extrovertidos o cómo vemos a las demás personas. Es importante conocer estos factores y evaluar si debemos aprender a manejarlos para poder alcanzar nuestros objetivos. Recordemos que, para alcanzar nuestras metas, de alguna manera necesitamos a los demás y, si no podemos controlar nuestro temperamento, puede ser un factor para no lograrlo.

¿Quiénes están en nuestro entorno más cercano?

Si deseamos desarrollar ciertas habilidades, ayudará más si nuestro entorno está formado de personas que nos ayudan a crecer. También está el lado opuesto, habrá personas que nos impidan desarrollarnos y sea necesario alejarnos. En el capítulo 8 veremos con más detalle los beneficios de trabajar con nuestro entorno para maximizar nuestro desarrollo personal.

¿Tenemos un plan?

En el colegio de mi hija ofrecen muchas actividades para los padres y una conferencia me impactó. La conferencista comentó que, de camino hacia el colegio, cruzó a un padre (de escasos recursos) con su hijo en una carreta, le pareció que el niño no se dirigía a estudiar, sino que esta familia estaba más ocupada en sobrevivir; luego nos hizo esta pregunta: «¿Ustedes en su rol de padres están sobreviviendo o tienen un plan de vida para su familia?». Esta pregunta me sorprendió, ella siguió comentando que muchos padres creen contar con un plan por tener a los hijos estudiando, esperan que se gradúen en la universidad y se casen. Aunque esa sea una idea muy popular, ese plan no es suficiente y tal vez necesitamos profundizar un poco más. Como padre, he visto que los resultados de la educación a nuestros hijos no se reflejan inmediatamente, el resultado lo veremos en varias fases de sus vidas. Veo a jóvenes que están casados y demuestran hasta en ese momento qué aprendieron, o no, de sus padres. Lo más fácil es decir que nuestros hijos son así, pero marcará la diferencia el plan de vida que queramos para ellos. Lo mismo ocurre con nuestro crecimiento, si queremos llegar a un objetivo, debemos planificar cómo llegaremos a ese punto.

¿Soy persistente y disciplinado?

¿Cuántas veces nos ha pasado que queremos bajar de peso o cambiar un hábito? Nos sentimos motivados, sin embargo, al cabo de unos días nos desilusionamos porque no estamos logrando los resultados y mejor abandonamos. ¿Qué nos faltó para llegar al éxito que nos habíamos propuesto? La respuesta es simple, faltó la persistencia y la disciplina.

Estos dos pilares son importantes para cambiar en algo o hacer una actividad. No es suficiente tener motivación, esta es solo la chispa, nos mueve a iniciar una actividad, pero, ¿qué pasa si estoy desmotivado? Usualmente dejamos de hacer estas actividades. La persistencia y la disciplina nos mantienen firmes en los objetivos planeados. Una actividad puede durar mucho tiempo y la motivación no basta, si tenemos problemas personales es probable que no estemos animados y dejemos a un lado lo que estamos haciendo. La disciplina y la persistencia nos mantienen firmes en alcanzar nuestros objetivos, sin importar si tuvimos un mal día.

Como padre, comienzo en analizar cómo crecer con mi familia, veo con otros ojos algunas cosas que se ven normales. Una de ellas es la falta de disciplina en la educación de nuestros hijos, les damos todo y ellos ya se acostumbran a pensar que todo es fácil, no requiere esfuerzo y se soluciona con buscar la información en Internet, piensan que la vida es cómoda ya que todo se les ha dado, son más propensos -cuando son adultos- a frustrarse más cuando no logran sus objetivos a mediano y largo plazo. Esto pasa porque no son disciplinados o no saben qué es eso, creen que alcanzar sus objetivos es cuestión de suerte. Es necesario ayudarlos a ser disciplinados y persistentes.

Hay muchas definiciones sobre la disciplina. La que ha funcionado para mí es esta: «Hacer primero lo que uno no quiere hacer»; en sí, es una manera ordenada de hacer las cosas. Cuando aprendemos a ser disciplinados podremos hacer muchas cosas sin importar si estamos motivados o no, ya sabemos que hacer sin depender de nuestro estado emocional. Hace varios años me llamó la atención obtener una certificación que tenía un grado alto de complejidad, sabía que era importante para mi carrera profesional, en ese momento estaba «motivado». Cuando comencé a investigar un poco más me percaté que había muchos temas que debía mejorar, no solamente a nivel técnico, sino en otras habilidades como liderazgo, comunicación, gerencia y otras más, me di cuenta que esta actividad no iba a durar un mes y lo primero que pensé fue en el tiempo que no estaría con mi familia (comencé a poner obstáculos para hacerlo). Mi primer paso fue realizar un plan de acción sin descuidarlos y me apoyé en la disciplina para llegar al éxito de esta actividad. Significó meses de preparación, tuve que levantarme temprano incluyendo el fin de semana para no descuidar el tiempo con mis seres queridos, mejoré mi método de estudio, tuve algunos fracasos (el preguntarme si estaba motivado ya no era relevante, estaba siendo persistente). Esto me ayudó a mejorar en mis actividades y al final pude alcanzar mi objetivo. No lo hubiera logrado sin tener disciplina y constancia.

Realicemos un FODA personal

Una herramienta que ayuda a descubrirnos es el análisis FODA de Albert S. Humphrey. Contribuye a conocer nuestra situación de acuerdo al análisis de nuestras características internas (fortalezas y debilidades) y también de situaciones externas (oportunidades y amenazas). Un FODA personal podría ser:

Fortalezas

Son capacidades, recursos, ventajas competitivas que ayudan a explotar oportunidades:

- Ser optimista.
- Seguro de sí mismo.
- Bueno en algún deporte.

Oportunidades

Es el entorno que puede ser aprovechado y nos afectan positivamente:

- Para dirigir a equipos.
- Tiempo libre en el día para realizar otras actividades.
- Apoyo familiar.

Debilidad

Son aspectos que reducen la capacidad de nuestro desarrollo:

- No tengo mucha empatía.
- Soy impaciente.
- No controlo mi temperamento.

Amenazas:

Es el entorno que puede impedirnos desarrollar nuestras habilidades:

- Ambiente político puede perjudicarme.
- No cuento con un ingreso que me permita alcanzar todos mis objetivos.
- No hay mucha oportunidad de viajar al extranjero en mi profesión.

Contestar estas preguntas y hacer lo necesario para llegar a una respuesta afirmativa en cada una ayudará a ser conscientes de qué se necesita para mejorar en nuestro crecimiento. Tal vez nos sorprenda descubrir ciertos aspectos en nosotros que no conocíamos y tengamos una mejor perspectiva del camino a tomar.

En resumen, podemos decir que no es suficiente tener un objetivo y estar motivados, debemos conocer qué recursos poseemos actualmente y determinar qué más necesitamos para desarrollarnos. Entre ellos tiene que estar la actitud, pero este tema lo hablaremos en el siguiente capítulo.

Capítulo 4

¿Por qué la actitud es clave para el crecimiento?

La habilidad es lo que eres capaz de hacer. La motivación determina lo que harás.
La actitud determina lo bien que lo harás.
Lou Holtz

Hace tiempo realicé una conferencia sobre las relaciones personales, comenté que en muchas ocasiones nosotros no nos relacionamos porque no tenemos la actitud de hacerlo. A veces estamos en reuniones sociales y no hablamos con las demás personas, uno se pregunta ¿por qué asisten si no desean socializar? Un participante, cuya incomodidad se notaba en la conferencia, levantó la mano para hablar y dijo que, si él deseaba, hablaba con los demás. Este comentario lo escucho con frecuencia, también lo he leído en los comentarios de mi *blog*, mientras que otras personas se relacionan de manera consciente. La diferencia entre cada postura es la actitud para relacionarse; lo mismo ocurre con nuestro crecimiento: nuestra actitud es esencial para poder crecer o no.

Con el tiempo, he podido observar que la actitud es clave para conseguir el éxito. Si tenemos que contratar a alguien y tenemos dos candidatos con las mismas aptitudes, lo más seguro es que contrataremos a una persona con mejor actitud. He realizado muchas contrataciones a lo largo de mi carrera profesional y puedo decir que las personas con mejor actitud pueden lograr mejores resultados. He entrenado a personas para liderar un proyecto o un cargo para dirigir a un equipo y la mayoría de ellas han comenzado su carrera profesional en el área técnica y, al momento de capacitarlos, se resistían a aprender otra vez, se aferraban a su conocimiento técnico y universitario. Estas personas creen que están recibiendo este puesto por su conocimiento técnico (y títulos) y no por sus habilidades blandas, mientras, hay unos pocos que comienzan ese puesto con una actitud de aprendizaje, dejan de lado su orgullo y se enfocan en educarse de otros que tienen más experiencia; están dispuestos a dejarse guiar y crecen. En consecuencia, estas personas obtienen mejores resultados en comparación con los que tienen una actitud de no dejarse guiar. Cuando cambio de puesto y tengo a una persona diferente a quien reportar, voy con una expectativa de aprendizaje, sé que debo adaptarme y cambiar mi manera de hacer las cosas ya que las actividades que hacía en mi puesto anterior no necesariamente me servirán en el nuevo, tendré que mejorar algunas habilidades que no utilizaba antes. Tengo una actitud de aprendizaje.

¿Qué es la actitud?

La actitud puede tener varios significados, tiene que ver con la forma en que trabajemos. Es posible que podamos realizar ciertas tareas, sin embargo, si no queremos hacerlas, estas no se realizan; el que realicemos algo dependerá si deseamos hacerlo. John Maxwell en su libro, *Actitud de vencedores,* dice lo siguiente: «La actitud es un sentimiento interior expresado en la conducta» (1997, p. 12). Una mala actitud hace la diferencia en alcanzar un objetivo.

Me contaron una historia sobre un equipo de fútbol que estaba teniendo una mala temporada y el entrenador, en lugar de asumir su responsabilidad, señaló a su equipo por los malos resultados, generando molestias en los jugadores. Antes del siguiente partido, se supo que el dueño del equipo le había dicho al entrenador que era importante que ganaran para que mantuviera el cargo, así que el entrenador puso en la alineación a la mejor gente que tenía. El partido estaba empatado en 0, en el segundo tiempo, marcaron un penal a favor de este equipo y el entrenador puso al mejor goleador para marcar el penal, pero este jugador ¡tiró la pelota fuera del arco!, fue obvio que no tenía intención de patear correctamente. El entrenador fue a sentarse y simplemente esperó el fin del partido para recoger sus pertenencias e irse del equipo. Podemos tener todo lo necesario para alcanzar un objetivo, pero, si no queremos hacerlo, no se hará.

A muchos miembros de mis equipos les he comentado que los problemas técnicos que podamos enfrentar se pueden solucionar en unos días, incluso semanas; sin embargo, una mala actitud puede permanecer indefinidamente y darnos verdaderos problemas. Cuando queremos mejorar una habilidad, nuestra actitud hará la diferencia en las actividades que deseamos realizar. Si tenemos una actitud en la que esperamos que nuestras habilidades mejoren sin hacer algún esfuerzo, puede que nuestro crecimiento no avance de acuerdo con nuestras expectativas.

¿Por qué afecta la actitud a nuestro crecimiento?

Es habitual escuchar que nuestro problema de crecimiento personal se debe a muchos factores: no vivo en un país desarrollado, la culpa es de mis padres, no tengo suerte, no soy inteligente, así nací y no puedo cambiar, así me educaron, etc. El argumento que no se escucha mucho es que somos responsables de nuestro crecimiento y necesitamos mejorar para alcanzarlo. Es una actitud que debemos tener para crecer.

Cuando tenemos una actitud de crecimiento no le damos mucha importancia a quién o qué es el responsable de nuestra situación actual, le damos importancia a lo siguiente:

¿Qué queremos mejorar o aprender?

No estamos pensando que ya no podemos aprender más, todo lo contrario, estamos buscando cómo mejorar. Hay habilidades que tenemos más desarrolladas que otras, debemos decidir si seguimos mejorando las habilidades en las cuales somos muy buenos, o debemos mejorar en las que somos débiles, como ser mejores padres, mejorar nuestras finanzas, saber vender, etc. Hay crecimientos que posiblemente no sabíamos que existían o no nos habíamos dado cuenta de su importancia, podemos aprovecharlos para ser mejores. En ocasiones me siento como un niño que entra a una dulcería, el cual se emociona porque tiene muchos dulces por escoger, pero no sabe cuál tomar, me emociona descubrir nuevas áreas de interés y debo decidir en qué momento debo aprenderlas. Hace años obtuve una certificación donde sugerían que debíamos mejorar en otras habilidades, entre ellas, el liderazgo. Comprendí que mi actitud para crecer era importante para seguir adelante, no me detuve con obtener mi certificación, sino que seguí descubriendo muchas cosas que me hacían crecer.

¿Cómo está nuestra situación en este momento?

Puede que estemos motivados a aprender algo nuevo y se lo comentemos a una persona cercana y esta nos pregunte cómo haremos para hacerlo de acuerdo con nuestra situación actual. En muchas ocasiones nos molestamos, suponemos que es una persona negativa y nos tiene envidia, pensamos que nunca ha realizado nada y nos quiere desalentar a seguir; no obstante, a lo mejor tenga algo de razón. Debemos saber cómo estamos ahora, si alguien nos hace alguna observación, recibámosla y analicémosla, puede que logremos aprovechar estos comentarios para mejorar.

Hay una necesidad de cambiar continuamente

Analicemos cómo nos comportamos con los cambios: si lo aceptamos, lo recibimos con alegría y nos emocionamos, o si nos resistimos, consideramos el aprendizaje como algo que ya pasó en nuestras vidas y nos aferramos a lo que ya sabemos. Cuando mejoramos una habilidad estamos aprendiendo algo nuevo y esto hace que tengamos que esforzarnos un poco más. Sabemos que al inicio llevará más tiempo y sacrificio el aprender, pero, con el tiempo, vemos que hubo un cambio en nosotros.

En los tiempos de escuela, mis padres apenas conocían a los padres de mis amigos, se veía como algo normal en esos tiempos. Al pasar los años, algunos establecimientos educativos, a través de algunas actividades, promueven una relación social entre los padres. A muchos no les gustan estas actividades porque no están acostumbrados, yo lo veía de esta manera en la primera reunión, sin embargo, con mi esposa comenzamos a ver esta situación desde otra perspectiva, lo veíamos como una oportunidad de conocer más personas y forjar amistades. Un punto negativo que veíamos era el rechazo de los demás padres ocurrido al inicio, otros nos aceptaron en poco tiempo. Hay algunos padres que siguen sin relacionarse con los demás, esto, en parte, se debe a la actitud de adaptarse en el entorno en el cual se encuentran.

Cómo manejamos los fracasos

Todos hemos tenido alguna caída en nuestras vidas, ya sea personal o profesional, lo importante de esto no es qué tanto hemos fallado, sino qué hemos aprendido y mejoramos para una próxima ocasión. Hay muchas personas que, al caer, se deprimen y ya no siguen, hasta hay algunos que tratan de influir para que otros no sigan el camino que esta persona falló. ¿Ya lo has visto? Yo lo he visto toda mi vida. Muchas personas impiden que otras alcancen ciertos objetivos porque no quieren que fallen como ellas lo hicieron y, de esta manera, las están protegiendo. Esto lo podemos ver también con nuestros hijos, los protegemos para que no se raspen cuando están comenzando a manejar la bicicleta, ponemos muchas excusas para que no aprendan a montarla, pero no se aprende viendo un video de cómo manejarla, se tiene que practicar y lo más probable es que uno se caiga las primeras veces. Eso me pasó con mi bicicleta y, al momento de aprender a conducir un auto, hice enojar a mi padre cuando chocaba y le tocaba pagar el arreglo de los autos. Viene a mi memoria cómo aprendí de estas situaciones, no fueron un obstáculo para seguir manejando mi auto y mi bicicleta; lo mismo debe ocurrir cuando nos enfrentamos a nuevos retos en nuestras vidas, incluido nuestro crecimiento. Cuando tenemos una actitud de aprender de nuestros fracasos, podemos ver las cosas de diferente manera. En lugar de sentarnos a lamentarnos y echarles la culpa a los demás, lo vemos desde la perspectiva de aprendizaje, ocupamos nuestro tiempo en evaluar qué ocurrió, qué cambios debemos realizar y en volver a intentarlo. Recuerdo una frase que escuché de una tía cuando decía unas palabras en una reunión familiar: «Cuando te caigas, levántate, límpiate las rodillas y sigue adelante». Podemos lamentarnos y llorar, demos un tiempo para ello, luego sigamos adelante para mejorar.

Debemos mejorar continuamente en nuestro crecimiento.

Al graduarme de la universidad pensé que había terminado ese ciclo y me dediqué a viajar y pasarla bien, leía muchos libros de mi profesión, novelas, aprendizaje en finanzas; me gustaba estar al día en varios temas, lo tomaba como un *hobby* y no lo veía como un crecimiento intencional ya que lo hacía sin un objetivo. Con el tiempo, me percaté que mis habilidades se estaban estancando, la idea de que la experiencia y los títulos eran garantía para mi estabilidad laboral se estaba estancando. No había tenido una actitud de crecimiento y estaba impactando en mi vida personal y profesional, así que empecé por cambiar mi forma de pensar, definí mis objetivos y me puse a trabajar. Es muy cómodo decir que estamos grandes para aprender; sin embargo, conozco a personas que tienen más de sesenta años y siguen aprendiendo. Si tenemos una actitud que nos permite crecer continuamente, veremos que siempre tenemos algo nuevo que aprender, la edad no será una limitante.

¿Quién nos puede ayudar?

Comenzamos a buscar qué o quiénes nos pueden apoyar en nuestro crecimiento, no nos limitamos en buscar una universidad, buscamos otros lugares para aprender. A muchos el orgullo les impide buscar este tipo de ayuda, las personas que tienen una actitud de aprender de los demás consiguen mejores resultados en corto tiempo. En ocasiones, hay personas que me comentan que sus jefes no quieren aprender algunos conceptos relacionados a sus actividades, esto hace que los resultados no avancen de la manera que habían planificado. Lo mismo ocurre cuando queremos crecer y nos negamos a buscar alguien que tiene experiencia para el área que queremos mejorar. Tendremos dificultades en mejorar nuestro crecimiento si preferimos tomar un camino sin saber qué puede pasar en lugar de preguntar a alguien que ya estuvo ahí.

Trabajemos nuestra actitud diariamente

¿Qué podría ayudarnos a mejorar nuestras actitudes? Podemos tomar en cuenta las siguientes sugerencias:

No darse por vencido, seamos persistentes

Es tan común rendirse en las actividades que realizamos y no salen bien a la primera. Cuando eso ocurre, debemos pensar que ya sabemos que debemos usar otra opción. Me ha pasado mucho, cuando ocurre un problema, intento una y otra vez y veo que cada vez me voy acercando al objetivo para poder resolverlo. Veamos el fracaso como parte de nuestro crecimiento, debemos estar preparados para fracasar y esto debe ser contemplado en nuestras expectativas para alcanzar nuestros objetivos. Cuando algo no me sale bien, analizo qué pudo haber pasado, si puedo corregirlo en poco tiempo: me enfoco en trabajar en ello, si es algo que me puede llevar más tiempo: analizo un poco más cómo trabajarlo. Es probable que me dé cuenta que llevará varios meses mejorar, opto por revisar mis otras actividades y le asigno una prioridad de acuerdo a la importancia y urgencia que tenga, pero no pierdo de vista mi objetivo.

Afrontemos los retos

Si tenemos algún reto, afrontémoslo y no lo evitemos, tarde o temprano lo tendremos que resolver (porque ya no podemos seguir evitándolo) y, al momento de resolverlo, concluimos que no era tan difícil o se podría haber hecho mejor si lo hubiéramos realizado con tiempo. En ocasiones, cuando promuevo una nueva actividad, algunos me dicen «no» sin un argumento que lo respalde, luego de charlar con ellos advierto que no les gustan los nuevos retos, al contrario, no les gustan los cambios.

Manejemos nuestras emociones

Es común que nuestras emociones gobiernen cuando tenemos un problema o reto, pero es mejor tener un control de las mismas y resolver las cosas con un objetivo en mente. Esto me ha dado muy buenos resultados, puedo resolver los problemas de una mejor manera y no tengo que dedicar tiempo a pensar (emocionalmente) si la situación que tengo se debe a problemas con otra persona o algo más. No siempre fue así, cuando estaba estudiando (incluso en la universidad) y comenzaba el día con una situación incómoda, me deprimía, me decía que el día era malo y pasé muchos años con esa idea. Ahora que me acuerdo de eso, me río de mí mismo. En un día puedo tener problemas personales y profesionales y no pasa nada (a menos que sea algo muy grave), en la mayoría de las ocasiones sigo adelante pensando en cómo resolver mis actividades y trato de ser lo más objetivo posible. Esto me ha ayudado a solucionar los problemas de la mejor manera.

Desafiémonos

Si creemos ser excelentes en un área de fortaleza, ampliará nuestro potencial y nos hará crecer aún más. Hace años estaba en una zona de comodidad, vivía muy tranquilo; con el paso del tiempo, comencé a crecer intencionalmente, mi vida se agitó, participé en varias actividades, aprendí de otras personas, ayudé a otras a crecer, realicé conferencias. Puedo decir que mi vida ha cambiado y he realizado muchas cosas que no creí que lograría (desde mi zona de comodidad), esto lo he hecho porque he cambiado mi actitud, pasé de decir: no se puede o no quiero, a decir que sí se puede y a preguntarme cómo se puede hacer.

Encontremos el lado positivo a las cosas

Aunque estemos en situaciones que no deseamos, en lugar de lamentarnos por lo que estamos viviendo, veámoslo con un enfoque positivo, busquemos las oportunidades que se presentan para crecer, esto nos ayudará a realizar la tarea y podrá ayudar a los demás a seguir adelante. Si queremos ser los mejores en algo, no solamente debemos esforzarnos mucho, sino que también debemos tener la actitud de aprender cosas nuevas, nuevos hábitos, estrategias, nuevos entornos, etc. Si creemos que nuestro crecimiento nos llevará tiempo, esfuerzo y tendremos obstáculos, eso puede pasar, así que no le temamos al cambio, ¡pensemos en las cosas que pueden mejorar!

La actitud determinará qué tan lejos llegaremos, hará la diferencia en nuestro desarrollo personal y será clave para salir de nuestra zona de comodidad. Sigue leyendo el próximo capítulo que te comentaré un poco más de las consecuencias de mantenernos es nuestra zona de comodidad.

Capítulo 5

Superemos la resistencia al cambio para crecer

Lo único que te separa del sitio donde estás al sitio adonde quieres llegar, es tu zona de confort.
Dhaval Gaudier.

A los seres humanos nos gusta la comodidad, una vez que hemos dominado lo que hacemos, regularmente, nos dedicamos a descansar. Si nos piden hacer una tarea diferente, nos resistimos fácilmente, genera inseguridad, nos podemos sentir amenazados y en algunas ocasiones podemos tomar medidas, de hecho, lo podemos ver en muchas situaciones: cuando un grupo de personas manifiestan ante un cambio que quiere implementar el gobierno; si la empresa en que laboramos nos pide capacitarnos para un nuevo proyecto; si nuestra pareja nos pide que hagamos ejercicio porque hemos subido de peso, etc.; nos molestamos porque teníamos una rutina establecida y no la queremos cambiar. Las personas convierten una actividad en un problema personal. En una ocasión, estábamos apoyando a un cliente en implementar unas mejoras a un departamento, la mayoría de los empleados de ese departamento ya tenían varios años trabajando en la empresa, cada uno manejaba un proceso y pensaban que eran imprescindibles. Los nuevos métodos eran más sencillos y los mismos para todos, originando inconformidad, creando conflicto entre superiores y miembros. Al final, se implementaron estos nuevos procesos y el jefe tuvo que pedir que lo cambiaran de departamento ya que la mayoría de los empleados no lo aceptaba. Salir de nuestra zona de comodidad y entrar en un área desconocida no es algo que nos guste mucho, en general, no estamos acostumbrados a:

Realizar cosas nuevas

Preferimos seguir haciendo las cosas como nos han enseñado, pensamos que aprender es sinónimo de sufrimiento. Una razón por la que no deseamos hacer nuevas actividades es el temor a no realizarlas correctamente en comparación con otras personas. En una reunión, una persona se me acercó y me consultó qué podría hacer para que sus compañeros lo tomaran en cuenta; me comentó que estaba en el área de tecnología, tenía más de cincuenta años y sus compañeros no tenía más de treinta. Aunque él era el jefe, trabajaba en tecnología antigua, y sus subalternos manejaban herramientas de uso actual, por ello no lo veían como un referente para la toma de decisiones. Al consultarle cómo le había ido con aprender estas nuevas técnicas, me comentó que no lo hacía porque «sabía» que sus compañeros se burlarían de él. Esto me recordó cuánta gente no comienza a hacer algo nuevo por el miedo de ser objeto de burla de otras personas.

Realizar el cambio solos

A veces pensamos que necesitamos del apoyo de otras personas para tomar un reto, queremos realizar un cambio, pero no comenzamos si alguien no está con nosotros. Esto me recuerda cuando éramos adolescentes y no queríamos ir solos a las fiestas, pasa también cuando queremos hacer un cambio, necesitamos que alguien nos acompañe. Si queremos seguir mejorando en nuestras habilidades, no esperemos que alguien esté con nosotros, la responsabilidad de crecer es nuestra.

Cuestionar las actividades que realizamos

Muchas creencias vienen desde el seno familiar, vemos el ejemplo de nuestros padres y seguimos con la tradición, ya no cuestionamos si hay algo mejor, asumimos que es la mejor manera y no hay necesidad de mejorar. Me contaron una historia de un niño que notó que en su familia hacían un pan y lo cortaban dejándolo con un ancho de cincuenta centímetros. El horno era lo suficientemente grande para colocar el pan entero. Al preguntar por qué cortaban el pan, le comentaron que era una tradición familiar, siguió preguntando a sus tíos y estos le dieron la misma respuesta, luego fue con su abuela, ella le dijo que lo cortaban así porque en su época las estufas tenían el horno con ese ancho. A veces es necesario averiguar por qué se hacen las cosas. A los niños les gusta preguntar todo lo que ven, talvez nos desesperen, pero esto puede ser una buena práctica: cuestionar porqué lo hacemos y poder llegar a una conclusión, si es la mejor opción o si hay otra mejor.

Buscar nuevas oportunidades.

No es fácil buscar oportunidades al querer cambios en nuestra vida personal, debemos de tener una motivación para realizarlos o encontrar nuevos retos u oportunidades que sean resultado de ellos. Cuando tenemos un problema, lo más probable es que nos lamentemos y justifiquemos nuestra situación, no reparamos en que podemos tomarlo como una oportunidad para aprender de nuevo. Es frecuente pensar que uno ya está mayor para aprender nuevas cosas, esto es un mito, podemos seguir aprendiendo, es nuestra resistencia al cambio la que no nos deja seguir mejorando.

¿Por qué salir de nuestra zona de comodidad?

Muchos podemos pensar que estar en nuestra zona de comodidad es lo mejor, no tenemos que esforzarnos, no sufrimos, no nos incomodamos, nos sentimos muy bien, en especial si no movemos un dedo para que las cosas pasen. Para muchos quizá esto sea el plan de su vida, no obstante, para otros no, piensan que no pueden lograr nuevas experiencias en su situación actual, se deprimen y, mejor se dan media vuelta y se conforman con su zona de comodidad. Cuando hacemos algo diferente, es probable que suframos, sin embargo, vamos a crecer, podemos ver de diferente perspectiva las actividades que usualmente hacemos y comenzaremos a diferenciarnos de los demás.

Estar en nuestra zona de comodidad no quiere decir que hemos alcanzado nuestro máximo potencial, puede ser todo lo contrario, es probable que no estemos trabajando en nuestras fortalezas y con el pasar del tiempo nos sintamos insatisfechos porque no estamos haciendo lo que realmente deseamos, esto puede resultar en infelicidad.

¿Cómo podemos salir de nuestra zona de comodidad?

Salir de nuestra zona de comodidad no es tan sencillo como decir: «ahora lo hago» y al otro día ya salimos de nuestra área de confort. Esto puede llegar a ser un proceso para comenzar a realizar otras actividades y no sufrir por ello. Podríamos iniciar realizando algunas actividades que detallaré a continuación.

Comencemos con nuestra forma de pensar

Al tener mi primer empleo noté que había ciertas habilidades en las que era bueno, pero en mi carrera no se habían profundizado mucho. Comencé a estudiar un postgrado asociado con la administración de empresas y vi las cosas de diferente manera, esto me diferenció de mis colegas, ya no era suficiente que me pusiera a trabajar en mi computadora como mis compañeros, sino que levantaba la cabeza y comenzaba a verlos de diferente perspectiva. Con el tiempo, me dediqué a capacitar a personas y lo primero que veía era que se aferraban al conocimiento que habían adquirido en la universidad; esto los limitaba porque no deseaban ampliarlo. Mi tarea ya no era solamente apoyarlos, sino que los retaba a realizar algo diferentes para luego capacitarlos, de esta manera obtenía mejores resultados de estas personas.

Dejemos de compararnos si esto nos hace detener

Cuando empecé a realizar conferencias, lo primero que hice fue compararme con un conferencista internacional y me dije que no era tan bueno como esta persona, me desanimé. Sin embargo, concluí que, para mejorar en esta habilidad debía esforzarme, practicar y mejorar en cada conferencia que daba, esto me ayudó a seguir adelante. Se aprovecha mejor aprender de ellos, ver sus técnicas, sus hábitos y otras actividades que realizan para ser mejores.

Acostumbrémonos a buscar los cambios

Cuestionémonos si es posible mejorar nuesra forma de trabajar, podemos realizar cosas sencillas para comenzar. Si no nos gusta probar nuevas rutas hacia algún lugar, atrevámonos a realizarlo, busquemos nuevos restaurantes y probemos comidas a los que no estamos acostumbrados, luego sigamos con temas de mayor trascendencia, hagamos otros deportes, etc. Cuando estoy fuera del país con mi familia y deseo tomar una nueva ruta, les pregunto si desean hacer algo diferente, aunque eso implique que nos perdamos. Al inicio hubo una resistencia y caras largas; sin embargo, esto fue originario de aventuras y ya no se ve como una molestia tomar una ruta diferente, sino como una nueva experiencia.

Evaluemos qué hemos aprendido de esos cambios

Podemos probar otra ruta hacia nuestro trabajo, tal vez nos demos cuenta que la ruta que siempre tomamos es la mejor, o no, quizás descubramos que nos encantan otros tipos de comida u otro restaurante, podemos evaluar si el servicio es mejor o peor. Cuando vemos estos detalles estamos analizando qué pasa con ese cambio y nos ayudan a valorar más lo que tenemos o ver que hay alternativas mejores. Al comparar una nueva experiencia será más sencillo realizar un cambio porque hemos comprobado que hay otra manera de hacerlo y lo hemos vivido.

No nos desanimemos

Al hacer actividades diferentes, puede ocurrir que no tengamos el resultado que deseamos, no debemos desanimarnos, es algo normal. Me gusta una cita que suele atribuirse a Antoine de Saint-Exupéry: «Es una locura odiar a todas las rosas sólo porque una te pinchó. Renunciar a todos sus sueños sólo porque uno no se cumplió». Cada vez que probamos algo nuevo debemos seguir, aprenderemos y seremos una persona diferente a la persona que éramos antes de hacer esta actividad.

No nos preocupemos de los comentarios de los demás

Si hacemos nuevas actividades y las personas lo notan, de seguro no entiendan porqué lo hacemos. Muchas de estas personas estarán viéndonos en su zona de confort y no entenderán porqué nos queremos salir de nuestra seguridad, debemos seguir adelante. Ahora bien, si conocemos a alguien que nos hace alguna observación y sabemos que es de este tipo de personas que están fuera de la zona de comodidad, escuchémosla, puede ser que tenga algo de razón y debamos evaluarla.

Trabajemos para que las personas apoyen nuestro cambio

Aunque nosotros somos los que trabajemos en mejorar nuestras habilidades y salgamos de nuestra zona de comodidad, esto puede afectar nuestro entorno. Es importante que les comuniquemos a las personas interesadas y cercanas los beneficios del cambio que deseamos realizar, tratemos de involucrarlas. Será natural que tengamos una resistencia con un grupo en especial, podemos identificar a la persona que lidera a los demás y convencerla de los beneficios del cambio, esto hará que, si esta persona nos apoya, pueda ayudar a influenciar a los demás miembros del grupo y será más sencillo que los demás lo acepten y no sean un obstáculo en nuestro cambio.

Iniciar los cambios una vez estén claros los objetivos

Al tener los objetivos claros podremos enfocarnos en las actividades que debemos realizar y no distraernos por lo que ocurre a nuestro alrededor, como el trabajo o los compromisos adquiridos. Es normal que haya incertidumbre por los cambios que queramos realizar, preferimos quedarnos donde estamos porque nos da tranquilidad lo conocido; no obstante, al realizar nuevas actividades podremos comparar si el cambio es mejor a lo que ya estábamos acostumbrados. Si tenemos una actitud de cambio podremos ver nuevas oportunidades a cada paso que damos para salir de nuestra comodidad.

Salir de tu zona de comodidad hará que descubras nuevas oportunidades para seguir creciendo, esto puede implicar que tengas que organizarte mejor. Lo hablaremos en el próximo capítulo.

Capítulo 6

Organicemos nuestras actividades con eficacia

No te concentres en el tiempo que tienes o dejas de tener, concéntrate en tus prioridades.
David Valois

Al iniciar a dirigir mis primeros equipos tenía muchas expectativas, comencé a asignar las tareas a otras personas, las que aparecían en el camino no las delegaba, yo las realizaba, pensaba que no había nadie más que podría hacerlo mejor. Esto tuvo muchas consecuencias, los objetivos no se completaban, me olvidaba de dirigir a mi equipo, trabajaba hasta media noche y llegaba a la oficina los fines de semana. Esto generó mucho estrés, ya no quería que llegara el lunes (me imagino que a muchos les pasa lo mismo), conforme pasaron los años comencé a mejorar mi manera de hacer las actividades, no solamente aprendí a delegar y gestionar mejor a la gente (todavía sigo mejorando) sino que aprendí a organizarme mejor, lo cual ha hecho que pueda encontrar un espacio para realizar otras actividades. Aprender cómo organizarnos es una habilidad esencial que debemos tener para poder alcanzar nuestros objetivos y tener tiempo para lo que deseamos. No solo nos servirá para crecer, también para estar con las personas que queremos.

Los temas urgentes no son tan urgentes

En ocasiones, tener una agenda llena de «actividades urgentes» hace pensar que no da tiempo a realizar otras actividades personales o estratégicas (que no tienen una urgencia porque alguien no lo está solicitando), sin embargo, al ocurrir una situación «urgente», que no estaba en nuestro inventario, y resolverla, dejando las demás pendientes, no ocurre nada. Es decir, pudimos realizar otras actividades sin afectar a la mayoría de los temas que habíamos catalogado de «urgente» y estos no fueron afectados. Es viable mejorar nuestra administración de prioridades para poder cumplir nuestros objetivos.

La administración de tareas hará mejorar nuestro desempeño personal y profesional, nos ayudará a enfocarnos en aquella actividad en la que nuestro aporte sea realmente necesario y estratégico. Debemos organizar nuestras actividades diarias para dar espacio a las nuevas actividades de crecimiento, por lo que es esencial considerar lo siguiente al organizarnos:

Definir si es estratégica o urgente

Es común que las personas que soliciten una tarea no hayan comunicado qué tan importante y urgente es y asumimos que tienen que realizarlos en ese momento, como consecuencia, se acumulan las tareas anteriores en las que estábamos trabajando.

Se puede entregar a mediano o largo plazo

Aunque sepamos que se puede entregar una tarea en las siguientes semanas, nos afanamos en trabajarlas ya, el peligro de ello es no terminar las tareas que teníamos comprometidas a una fecha y no nos sirve de mucho adelantar el trabajo si no cumplimos con las tareas que debimos haber terminado. Esta situación suele ocurrir cuando las personas prefieren trabajar en los temas que son más cómodos y dejan de último los que poseen dificultad.

Resuelve de raíz los problemas

Es común hacer las mismas actividades una y otra vez ya que no hemos solucionado el problema que las origina, si lo tratamos de raíz ya no estaremos realizando esta actividad y comenzaremos a tener más tiempo libre para hacer otras cosas. Es más productivo analizar un problema y ver las opciones para resolverlo que trabajar inmediatamente resolviéndolo a prueba y error. Cuando tenemos un problema, antes de usar los músculos, es mejor detenernos un momento para analizar la mejor manera de resolverlo.

Hay un enunciado llamado la Ley de Parkinson que dice: «El trabajo se expande hasta llenar el tiempo disponible para que se termine». Es decir, si me asignan una tarea para quince días, aunque pueda realizarlo en un día, me tardaré quince días en entregarlo. A muchas personas les pasa, no tienen conciencia de esto porque ya es parte de sus hábitos, están convencidos que así debe ser. Esto se debe a que no administran su tiempo, tienen muchos espacios y no saben qué hacer con ello, llegan a pedir más tiempo, aunque tengan quince días para realizar el trabajo, solicitan más tiempo y no han comenzado a trabajarlo. Para tener un control de nuestras actividades debemos romper con este hábito, comenzar a trabajar lo más pronto posible sobre esta tarea hasta finalizarla, luego seguimos con la siguiente. Esto nos dará más claridad sobre las horas que tenemos disponibles realmente.

Podemos utilizar varios métodos para mejorar nuestro tiempo; para ello, debemos priorizar estas actividades y tomar decisiones que permitan cumplirlas.

Identifiquemos qué actividades realizamos

Es usual que trabajemos sin saber cuántas actividades tenemos. Si somos principiantes nos llevará un tiempo tener conciencia de lo que hacemos. Para identificar las actividades, podríamos tomar en cuenta lo siguiente:

- Las tareas personales que realizamos diariamente. Esto puede incluir el aseo personal, nuestra alimentación, el viaje a   nuestro trabajo, el tiempo que le dedicamos a la familia, ver noticias, las redes sociales, etc.

- Las tareas que realizamos en nuestro trabajo diariamente, como nuestra hora de almuerzo, reuniones diarias, etc.

- Tareas que son periódicas. Tal vez no sean diarias, sin embargo, se repiten cada cierto tiempo, como reuniones semanales, ya sea personales, laborales o familiares.

- Tareas eventuales. Se realizan de acuerdo con la situación que vivimos en ese momento, como reuniones de emergencia.

Al identificar y clasificar las tareas, podemos analizarlas

Al tener las tareas identificadas y determinar si son importantes y urgentes, podemos comenzar a analizar qué información podemos obtener:

- El tiempo que lleva realizarlo. Por ejemplo, el regreso a casa, nos lleva más de una hora en llegar, contabilizamos todo el tiempo que estamos en el auto (o bus) en el día, a lo mejor nos sorprendamos. Si hay una tarea que lleve varios días, podemos determinar cuántas horas le dedicamos en el día para finalizarla de acuerdo con la fecha que estimamos.

- Identifiquemos la complejidad de la tarea. Es usual ver a personas que dejan las tareas con las que no se sienten cómodas y tratan de evitarlas; si están trabajando en equipo y deciden no realizarlas, pueden afectar a otras personas.

El siguiente cuadro es un ejemplo de actividades diarias, estas se pueden detallar de acuerdo con nuestras necesidades:

No	Actividad	Importante	Urgencia	Complejidad	Tiempo en horas al día
1	Comidas	Alta	Alta	Baja	1,50
2	Ejercicio	Alta	Alta	Baja	1,00
3	Compartir con la familia	Alta	Baja	Baja	2,00
4	Noticias	Baja	Baja	Baja	1,00
5	Redes sociales, etc.	Baja	Baja	Baja	2,00
6	Tiempo en el auto	Alta	Alta	Baja	3,00
7	Actividades laborales	Alta	Alta	Alta	6,00

Ver las noticias y redes sociales son acciones que hacemos en todo momento, incluso en nuestra actividad laboral. Si nuestro periodo laboral es de ocho horas, lo más seguro es que en este revisemos las noticias y redes, dando como resultado que nuestras actividades laborales se reduzcan a menos horas (en este cuadro serían seis horas). Si nos damos cuenta que no nos alcanza el tiempo para cumplir nuestros objetivos podemos ver que tenemos un problema al ver nuestras redes (si ese no fuera nuestro negocio). Otra actividad que lleva mucho tiempo es el transporte en auto o bus, podemos comenzar a analizar las causas del tiempo que estamos manejando, puede que el tráfico sea alto, tengamos que dejar a nuestros hijos en la escuela, etc.

Reduzcamos al mínimo las actividades que no nos agregan valor

Debemos evaluar qué actividades podemos reducir y cuáles no. Las comidas son importantes, así que no podemos eliminarlas; si comemos rápido y regresamos a nuestras actividades, al pasar los días nos podremos sentir estresados. Tratemos de respetar las horas de comida y si terminamos antes de tiempo, probemos hacer alguna actividad que nos relaje, como caminar.

Trabajemos en realizar una rutina diaria

Para tener una idea de lo que debemos realizar y poder visualizar nuestro avance, podemos trabajar en una rutina diaria, con ello comenzaremos a administrar las tareas que debemos realizar para alcanzar nuestros objetivos:

No	Actividad
1	Levantarse
2	Realizar ejercicio y meditación
3	Aseo y cumplir nuestro horario de comida (desayuno, almuerzo, cena, etc.)
4	Cumplir con los compromisos laborales
5	Compartir con la familia
6	Actividades de crecimiento personal
7	Planificar tus actividades para el día siguiente

- Este es un listado general, puedes agregar más tareas y darles más detalle.

- Realizar ejercicio y meditar nos hacer sentir mejor. Si no lo hacemos actualmente, sería bueno que lo intentáramos. Puede que evitemos ir al gimnasio, por lo que podemos utilizar herramientas de las redes, a través de audios y videos.

- Planificar es un buen hábito que debemos adquirir, nos hará visualizar las actividades que tenemos que realizar a corto y largo plazo.

Trabajemos una tarea a la vez

Tal vez imaginemos que haciendo varias actividades a la vez somos más productivos, sin embargo, esto no funciona para muchas personas. Podrá darnos la sensación de que estamos en todo, pero es posible que no estemos cumpliendo con las fechas comprometidas. Es mejor enfocarse en una tarea y terminarla para luego enfocarse en la siguiente. A lo mejor sintamos que vamos más despacio al inicio, pero a mediano plazo, podremos percibir que somos más eficientes y tenemos más claridad en cómo resolver los problemas.

Deleguemos las tareas

Al realizar el listado de actividades nos daremos cuenta que hacemos algunas tareas que podemos delegar a otros. En algunos casos, nos resistimos a delegar y justificamos de diversas maneras el porqué:

- **Nadie puede hacerlo mejor que yo**. Nos podemos dar una sorpresa al descubrir que habrá personas que pueden hacer el trabajo igual o mejor que nosotros.

- **No entienden qué necesito y además no tengo tiempo para explicarles**. Es una justificación que se escucha la mayoría de las veces. El problema no es de las demás personas sino nuestro al no poder explicar lo que necesitamos o por qué no podemos administrar nuestras tareas para capacitar a los demás.

- **La responsabilidad es mía, así que debo hacerlo**. El que haga todo porque es mi responsabilidad genera ineficiencia tanto en nuestra vida personal como profesional. Si tenemos gente a cargo y hacemos las tareas en lugar de delegarlas, estamos desaprovechando sus habilidades. Es usual que asumamos que todas las tareas las tengamos que realizar nosotros, en especial si alguien más nos solicita que las hagamos. Preguntémonos: ¿qué beneficios tendría delegar el trabajo?

Delegar el trabajo genera muchos beneficios, damos seguridad a otros para realizar más tareas y responder por ellos. Si delegamos tareas en casa, debe hacerse según las capacidades de los integrantes de la misma, no podemos delegar tareas de cocina a infantes. Estas actividades no son complejas de realizar, sin embargo, requieren de disciplina y persistencia. Una vez que podamos identificar las actividades y hayamos realizado algunas acciones para mejorar nuestra productividad, será más sencillo utilizar las herramientas que veremos a continuación.

Matriz de Eisenhower

En una ocasión, visité con mi familia a un amigo en vísperas de las vacaciones escolares de medio año, habíamos acordado reunirnos y no me había cancelado la cita. Cuando nos recibió en su hogar, vi que estaba ocupado con su familia, le consulté porqué estaba tan agobiado y me comentó que su hijo estaba haciendo muchas tareas que le habían asignado. Le pregunté al niño cuántas tareas tenía que entregar y me comentó que debía entregar alrededor de veinte en ese mismo día, al escuchar esto me sorprendí por la cantidad, pero, al ver la plataforma, me percaté que para ese día solamente había seis, y en el calendario había otras que estaban agendadas para entregar después de las vacaciones (es decir, sumaban en su totalidad veinte tareas). Con pena, volví a preguntar por qué estaban haciendo eso, me comentaron que había un chat de padres y el coordinador de papás les había trasladado un mensaje del maestro indicando que había que entregar las tareas a esa fecha. El mensaje del maestro era muy ambiguo, estaba sujeto a las interpretaciones de la persona que lo estaba leyendo. Por suerte, el niño estaba trabajando primero las tareas que eran importantes a entregar ese día y luego haría las de fechas posteriores. Los papás optaron por comunicarse con el profesor para aclarar esta situación, al recibir el mensaje del profesor, indicaba que solamente debían entregar las que estaban asignadas a esa fecha y, para ese entonces, el niño ya había finalizado sus tareas del día. Esto me recordó que situaciones así ocurre en nuestras actividades diarias (personales y laborales), no reparamos en analizar qué tan importante y urgente es una actividad antes de realizarla.

El método de Eisenhower clasifica las prioridades con base en la urgencia y su importancia, nos ayuda a gestionar nuestras acciones de acuerdo a cada situación. El método maneja dos conceptos de los que hemos hablado anteriormente:

- **Importante**. Las actividades que forman parte de alcanzar un objetivo son catalogadas como importantes; si no se realizan, no alcanzamos nuestros objetivos.

- **Urgente**. Es algo que necesita ser terminado lo antes posible pero no necesariamente tiene que ver con nuestros objetivos, como contestar correos o terminar un trabajo atrasado. También puede haber eventos externos, como una crisis que afecta a todos y detiene las actividades, obligándonos a solucionarla.

Estos conceptos los podremos manejar con nuestras actividades y veremos que pueden generar combinaciones. Habrá tareas que puedan ser muy importantes pero que no necesariamente debamos trabajar ahora, no serán tan urgentes de realizar. Mientras que habrá otras que son importantes y son necesarias trabajarlas de inmediato, se puede decir que tiene un alto nivel de urgencia. Al mezclar estos conceptos, veremos que tendremos cuatro variantes:

- **Importante-urgente**: Se relaciona a las crisis, presiones, actividades con fecha de vencimiento. Hay que realizarlo de manera inmediata.

- **Importante-no urgente**: Se asocia a relaciones personales, oportunidades, crecimiento personal o tareas a realizar a mediano plazo. Hay que planificar e incorporar rutinas diarias para poder desarrollar la actividad de manera ordenada.

- **No importante-urgente**: Se asocia a interrupciones, reuniones, llamadas, presiones familiares, etc. Estas actividades se pueden delegar.
- **No importante-no urgente**: Se asocia a cualquier detalle de menor importancia, distracciones o actividades placenteras. Estas se pueden delegar o simplemente no realizar.

La evaluación de cada tarea la debemos realizar con frecuencia ya que puede suceder que una tarea se reclasifique según la situación de ese momento. Si deseamos asistir a un evento que se realizará en diez meses en nuestro país y es de vital importancia, será una tarea importante pero no urgente, debemos calendarizar cuándo debemos trabajar en ello. Ahora bien, si se presenta una oportunidad para asistir a un evento en tres meses de igual importancia, pero en un país vecino y preferimos asistir a este, la tarea se convierte en muy importante y urgente.

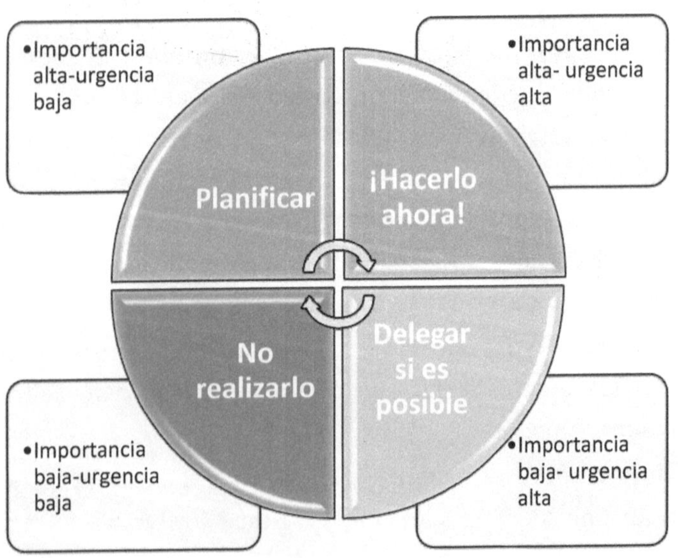

Siguiendo el ejemplo de este capítulo, podemos tomar la información que hemos trabajado para manejar nuestras tareas y, con las categorías de importante y urgente, clasificamos de la siguiente manera:

Importancia	Urgencia	Prioridad
Alta	Alta	1
Alta	Baja	2
Baja	Alta	3
Baja	Baja	4

En nuestro cuadro de tareas, le agregamos la estrategia general para realizarla:

No	Actividad	Importante	Urgencia	Estrategia
1	Comidas	Alta	Alta	Realizarlo ahora
2	Ejercicio-Meditación	Alta	Alta	Realizarlo ahora
3	Estar con la familia	Alta	Baja	Planificar cuándo hacerlo
4	Capacitación	Alta	Baja	Agendarlo
5	Noticias	Baja	Alta	Delegar, disminuir el tiempo que le dediquemos o eliminarlo.
6	Redes sociales	Baja	Baja	Delegar, disminuir el tiempo que le dediquemos o eliminarlo.

Al trabajar la matriz de Eisenhower, podemos tomar las decisiones con base en las prioridades que se han definido y será más sencillo realizar nuestras actividades teniendo claro qué debemos hacer.

El principio 80/20 de Pareto

Recuerdo con cierto sentimiento los primeros equipos que dirigí, cuando recibíamos una tarea íbamos a realizarla, no analizábamos si era importante o no, esto nos generaba muchos problemas. Con el tiempo, comencé a identificar muchas actividades que realizaba a diario y no me generaban valor. Había muchos correos que recibía y realmente dedicaba mucho tiempo a leerlos y no me ayudaban en mis actividades, los ordené. Lo más importante lo realizaba a primera hora del día, asignaba el trabajo a la gente o me reunía con ellos, luego me dedicaba a otras actividades como las administrativas. Esto me ayudó a manejar mejor mis tareas ya que en el primer par de horas del día había definido las actividades del equipo y las mías. Lo que estaba haciendo era aplicar el principio de Pareto, se llama así por la persona que lo enunció por primera vez en 1897: Vilfredo Pareto. Él hizo un estudio en Italia y descubrió que el 20% de las personas eran dueñas del 80% de la tierra en su país; obviamente el resto de la tierra era poseída por el 80% de la población. Esta premisa no es literal. En la actualidad, este principio se aplica a muchas áreas:

- El 20% de la población tiene el 80% del poder político.
- El 20% de nuestro tiempo produce el 80% de nuestros resultados.
- El 20% de la gente paga el 80% de los impuestos que se recauda.
- El 20% de la gente toma el 80% de las decisiones.
- El 20% de las causas generan el 80% de los defectos.
- El 20% de nuestros clientes representan el 80% de nuestros ingresos.

Podríamos seguir enunciando cómo se aplica esta premisa y podríamos analizar estos enunciados para mejorar la toma de decisiones:

- El 20% de nuestras actividades genera el 80% de nuestros resultados.
- El 20% de las causas provocan el 80% de nuestras consecuencias.

Cuando tomamos decisiones y realizamos las tareas no reparamos si realmente estas acciones ayudarán a alcanzar nuestro objetivo. Al no ser conscientes de ello, vemos que no avanzamos, nos decepcionamos porque trabajamos mucho y no vemos el fruto de este trabajo. En cambio, si aplicamos el principio de Pareto, tendremos más control sobre nuestras tareas y podremos mejorar nuestros resultados siendo proactivos al decidir qué vamos a realizar. Al ver nuestro trabajo, podríamos descubrir que le estamos dedicando un porcentaje de nuestro tiempo a estas actividades que no agregan valor a nuestros objetivos personales y laborales, como el uso del celular en todo momento; hay otras que no podemos eliminar, pero tampoco nos agregan valor, como el tiempo que usamos para transportarnos a nuestro trabajo.

Si aplicamos estas herramientas, será más sencillo poder trabajar con el principio de Pareto, ya que es necesario identificar las actividades que realizamos y poder mejorar la toma de decisiones. Podemos hacer lo siguiente para aplicar el principio de Pareto:

- Identifiquemos las actividades que generan el 80% de los resultados. Podemos identificar las que realizamos en nuestro negocio o trabajo o, también, pueden ser nuestras actividades de crecimiento.
- Preguntémonos qué tarea nos aporta más. Es frecuente asignarles un mismo nivel de importancia, pero al evaluarlas, nos daremos cuenta que hay muchas tareas que clasificamos como importantes y no aportan a nuestros objetivos.

- Enfoquémonos en las áreas que son importantes y ayudan a alcanzar nuestros objetivos. Debemos dar más importancia a aquellas que representan el 20% de las actividades que generan el 80% de productividad.

- Es probable que nos resistamos a deshacernos de las actividades que no sean parte de ese 20% porque tal vez pensamos que generan algún beneficio. Podríamos evaluar qué pasaría si no las hacemos, si no son importantes, pasarán los días y nadie se dará cuenta que no se realizaron; ahí nos podremos dar una mejor idea si vale la pena seguir haciéndolo.

- De las tareas que identifiquemos dentro de ese 20%, tomemos decisiones que sean necesarias para aprovechar las que son importantes.

- Empleemos el 80% de nuestra energía y recursos en trabajar el 20%.

- Deleguemos a otras personas ese 80% de actividades que no genera beneficios.

- Si tenemos identificado el 20% de la gente que genera el 80% de productividad, dediquémosle la mayoría de nuestro tiempo a ellos. Por lo general, le dedicamos tiempo al 80% que genera el 20% de productividad.

El principio de Pareto podrá aprovecharse si somos disciplinados con nuestras tareas. Necesitamos mejorar en nuestra habilidad para administrar nuestro tiempo, esto puede llevarnos un largo periodo, pero, mirando lo positivo, podremos ejercitarlo diariamente hasta que se vuelva un hábito.

Factores que ayudan a optimizar las actividades

- Tratemos de mantener un 20% de espacio en nuestro día. Al inicio será difícil, ya que es una práctica que requiere un mejor control de nuestras actividades. Este tiempo lo deberíamos utilizar para poder meditar qué actividades hacer en el futuro, algunas de las cuales no estaban contempladas en nuestra planificación (debería ser una excepción y no la norma).

- Utilicemos herramientas que ayuden a agendar nuestras actividades. Los servicios de correo electrónico manejan un calendario donde podemos indicar las actividades por realizar, no tendremos que estar pendiente de la hora, nos estarán avisando cuando comienza una. Esta funcionalidad nos ayudará a administrar mejor nuestro tiempo.

Mejora continuamente

Nuestra agenda debe ser dinámica, debe adaptarse a nuestra realidad. No esperemos semanas para tomar una decisión sobre nuestras prioridades generales planeadas, debemos revisar diariamente si nuestra agenda es la correcta y si nos llevará a nuestros objetivos. Al inicio se puede volver tedioso revisarlo, pero, al pasar los días, veremos los beneficios de hacerlo y podremos realizar los cambios necesarios para seguir adelante.

Hay muchos métodos para administrar las tareas, si los encuentras y los aplicas, significa que te interesa y quieres seguir mejorando. La administración de las prioridades es una habilidad que debemos manejar ya que podremos contar con el tiempo necesario para trabajar en nuestros objetivos personales y profesionales y nos dará buenos resultados para alcanzar nuestras metas.

Administrar las tareas traerá grandes beneficios, podrás tener tiempo para hacer lo que deseas, incluyendo desarrollarte. Sin embargo, para obtener un mayor provecho de ello, lo mejor es saber qué se necesita para llegar a ese objetivo. A continuación, hablaremos sobre cómo construir un plan de desarrollo personal.

Capítulo 7

¿Tenemos un plan?

Planificar significa cultivar, para cosechar ricos frutos.
Mauricio Martínez

Es común ver a las personas sin un plan. Muchos de ellos no saben qué es eso: ¡Yo no necesito un plan! ¡Yo vivo cada día como si fuera el último! Puede ser cierto, el problema es que, ¡para muchos de nosotros el último día no llega!

En la universidad tenía un amigo que era muy bueno en los estudios y se la pasaba bien, era despreocupado, mientras que nosotros, los mortales, estábamos luchando para salir adelante. Cuando le preguntábamos cómo iba en cierto proyecto, nos comentaba que no lo había iniciado. Al principio, pensábamos que lo decía para no ayudarnos, pero con el tiempo descubrimos que siempre trabajaba a última hora; en las ocasiones que no lo terminaba, lo tomaba con serenidad. Conforme pasaron los años, muchos de nosotros ya teníamos en nuestra mente graduarnos y preguntarnos qué pasaría después, de cierta manera, estábamos planificando; nuestro amigo no. Cuando le preguntábamos qué iba a hacer, nos decía que no sabía. Luego de salir de la universidad, cada uno formó su camino. Algunos estarán felices de vivir la vida que tienen sin planificar, mientras que otros no son felices, quieren tener una mejor vida, ya sea laboral, espiritual o matrimonial, sin embargo, no saben cómo comenzar. La mejor manera es planificar.

Seamos intencionales en nuestro crecimiento

Al momento de decidir que vamos a tomar el control de nuestro destino, preparémonos, tendremos un gran adversario por vencer: nosotros mismos. Cuando nos hacemos responsables del camino que queremos seguir, significa que creceremos. Con esto me refiero a que estaremos cambiando en varios aspectos, como en nuestra forma de pensar o ver las cosas, en ciertas competencias que ayuden en nuestra vida personal o profesional, en nuestras creencias... A esto le llamamos crecimiento.

Cuando nos hacemos responsables de nuestro destino encontraremos que parte de nuestros pensamientos serán negativos, imaginamos los obstáculos que afrontaremos y comenzamos a desmotivarnos. Estos pensamientos podrían ser:

- **No tenemos tiempo o dinero**. Si necesitamos tomar alguna capacitación, y esto llevará una duración y un costo, ya no lo hacemos. Algunas personas no quieren hacerlo porque tienen muchas actividades, se van a casar, tienen el cuidado de sus hijos, etc. Cuando deseamos crecer, buscamos cómo conseguir recursos para poder realizarlo. He conocido a muchas personas que han conseguido préstamos para mejorar en cierta habilidad, otros monetizan estos aprendizajes; es cuestión de ver las oportunidades y aprovecharlas.

- **Es muy difícil, no podemos hacerlo**. Creíamos que iba a ser sencillo y, al primer fallo, nos desanimamos y mejor ya no seguimos. Esta sensación lo he experimentado, lo importante es ser persistente. Hace años, me decidí a obtener una certificación, ya había tomado un curso sobre este tema y no me había ido mal, pensé que, si le dedicaba un poco más de esfuerzo, podría certificarme. Me preparé y en el camino, comencé a darme cuenta que no conocía a profundidad algunos temas y que muchos lineamientos no iban en la misma dirección de mi experiencia. ¡Tenía un choque de dos mundos! Perdí el examen, lo primero que me dije fue que no podía ganarlo, estaba difícil, debía mejorar mi concentración ya que el test duraba cuatro horas y perdía la atención fácilmente. Pensé en muchas excusas para no hacerlo, como el costo, el tiempo con mi familia o que dirían los demás, sin embargo, me daba cuenta que me gustaba este tema, me motivaba a mejorar habilidades que utilizaba en mi día a día. Ganar este examen me llevó muchos meses de estudio, no era un mes como me había imaginado.

- **No queremos.** Somos sinceros y damos excusas. Aunque sabemos que podemos mejorar en nuestro crecimiento, simplemente no queremos hacerlo. A veces, las personas no quieren hacerse responsables de su felicidad, tienen miedo al cambio. He visto a muchas personas no querer cambiar porque va en contra de sus creencias, va en contra de las ideas de su familia, su religión u otra idea que no los deja hacer cosas nuevas. Algunas veces, incluso, influye nuestro orgullo, porque pensamos que mostramos debilidad al trabajar en mejorar nuestras habilidades, o que le demos la razón a otra persona.

Los obstáculos en nuestra mente siempre existirán porque, de cierta manera, nos estamos protegiendo de la posibilidad de sufrir. Sin embargo, no debemos preguntarnos cuánto nos costará, sino qué tan lejos llegaremos. Cuando comencemos a construir esta respuesta, podremos hacer el balance de lo que ganaremos al comenzar este camino, y seguiremos adelante.

¿Qué ganamos al planificar?

La planificación mejora las probabilidades de alcanzar nuestros objetivos, algo mejor que solo esperar que las cosas sucedan. Supongamos que se quiere mejorar en atletismo, la mayoría realiza esta actividad por su cuenta, buscan unos zapatos deportivos (algunos solo toman los zapatos que tienen en frente de ellos) y salen a correr. Al regresar de entrenar, comienzan a comer lo primero que encuentran, su dieta es la misma que todos los días: toman gaseosa, comen pizza y se van a dormir a altas horas de la noche. Entrenan cada vez que se acuerdan y, luego de unos meses, se enteran que hay un evento para correr cinco kilómetros y se inscriben a última hora. El día del evento los posicionan de acuerdo al número que tienen, es probable que estén en las últimas posiciones. Inicia la carrera, comienzan a correr con todas sus fuerzas (¡están motivados para ganar!) y, al cabo de un kilómetro, comienzan a tener más espacio entre los demás competidores, piensan que ya pueden correr más rápido y creen alcanzar al puntero, pero, cuando se dan cuenta, en el otro carril observan a los corredores que están regresando y piensan que todavía les falta cuatro kilómetros ¡y ya varios corredores están terminando la carrera! Podemos preguntarnos lo siguiente: ¿Su entrenamiento fue el correcto? ¿El corredor incluyó a alguien más para mejorar su entrenamiento? ¿Tenía claro sus objetivos? ¿Tenía las herramientas y el equipo correcto para esta actividad? ¿Sabía que pasaba a su alrededor? Me parece que la mayoría de las respuestas son un «no», y esto se debe a que el corredor creyó que era suficiente solo con hacer las cosas y nada más. Para muchos, es suficiente al inicio porque están motivados y esperan que los resultados los obtengan a corto plazo -en algunos casos así sucede-, el tema acá es qué pasa si estas actividades son más complejas o requieren de mayor tiempo. Si han mejorado, pero ya no saben qué hacer para seguir mejorando, ¿a quién buscan para seguir creciendo?, ¿cómo pueden saber si están preparados y en qué nivel se encuentran?

Planifiquemos nuestro crecimiento personal

Hacer que nuestro crecimiento sea intencional significa que tomemos el control de nuestro aprendizaje. Cuando realicé mi primera planificación, pasé por varias etapas:

- **Me resistía.** Pensaba que era una pérdida de tiempo, estaba detenido, no avanzaba.
- **Tenía miedo de hacerlo.** En sí, no quería fallar. Pensaba que el plan era un recordatorio de mi fracaso. Me estaban dando deseos de avanzar, pero tenía miedo de quedarme a la mitad y que los demás se burlaran de mí.
- **No sabía cómo comenzar.** No sabía cuál sería mi primer paso. Comencé a pensar si tenía la información necesaria para saber cuál era mi dirección para avanzar.
- **¿Cuál era mi siguiente paso?** Ya tenía la idea de lo que iba a hacer y comenzaba a planificar las actividades por realizar. Comencé a pensar cómo debía ser mi camino, a imaginármelo antes de dar el primer paso.
- **Iba a la carga.** Ejecuté mi plan, seguí los pasos que había definido. Era como si hubiera iniciado a caminar y luego a trotar hacia el objetivo que deseaba.
- **Aprendía de mis caídas.** En mi avance, ya me había caído en más de una ocasión. Comencé a tomar nota si necesitaba algo más para seguir mi camino. Estaba levantándome del suelo, sacudiendo mis rodillas y seguía adelante.
- **Revisaba mis avances y actualizaba mi plan.** Veía qué debía mejorar para hacerlo mejor la próxima vez. Modificaba mi plan para que me indicara cómo iba mi crecimiento.
- **Volvía a la carga y mejoraba mi plan.** Cada vez iba mejorando e iba aprendiendo más, veía oportunidades que al inicio no había contemplado. Ya estaba corriendo, ya habían pasado meses y se notaba la diferencia de mi estado de crecimiento inicial y el trayecto que tenía en ese momento.

Tenemos que ser realistas ante los posibles resultados. Es probable que no alcancemos los objetivos que hayamos ideado, será mejor ver el camino que hemos recorrido para darnos cuenta que hemos aprendido (no importa si fue mucho o poco). Debemos ser persistentes para mantenernos en el objetivo; descubriremos que habrá un antes y un después, y a esto no se lo podría llamar un fracaso.

Nuestro plan debería contestar estas preguntas:

- **¿Qué habilidad vamos a desarrollar?** Es importante especificar si queremos crecer en carácter, espiritualidad, liderazgo, relaciones, etc. Si la habilidad por desarrollar es física, posiblemente debamos ser realistas sobre qué podemos lograr.

- **¿Cuáles son nuestras expectativas?** Estas pueden variar conforme vamos mejorando nuestras habilidades. A lo mejor hemos definido unas metas muy modestas y nos damos cuenta en el camino que podemos llegar más lejos. También debemos ser objetivos con ellas, esto hará que no abandonemos a la primera. No nos preocupemos si nuestras expectativas no se cumplen al inicio, estaremos mejorando en cada momento en clarificar nuestras expectativas a nuestra realidad.

- **¿Cómo queremos hacerlo?** Tomaremos alguna capacitación, participaremos en alguna actividad, buscaremos algún mentor, etc. Al principio tendremos una idea de cómo realizarlo y, conforme pasa el tiempo, descubriremos que hay otras maneras de avanzar, por lo que es posible que debamos replantearnos el cómo crecer. Podemos evaluar los pros y contras para tomar la mejor decisión y debemos tener una actitud de crecimiento constante para alcanzar el objetivo.

- **¿Cuánto tiempo estaremos dedicando a nuestro crecimiento?** Si no estamos acostumbrados a seguir un horario, por cualquier motivo, personal o profesional, no debemos desistir, poco a poco encontraremos un punto medio para balancear nuestras actividades diarias con nuestro crecimiento. Es posible que pensemos que es algo adicional a nuestro día a día y lo tomamos así, pero con el paso del tiempo, estas actividades serán parte de nosotros.

- **¿Quiénes nos acompañarán?** Analicemos qué personas cercanas a nosotros deseamos involucrar. Siempre habrá alguien que en cierta manera se sienta afectada por las actividades que realizamos, ya sea para mejorar nuestras habilidades u otra acción que tomemos; es mejor identificar a estas personas y analizar si pueden influenciar nuestro crecimiento. Si esto afecta a nuestro cónyuge, debemos tener cuidado, ¡no vaya a ser que terminemos separados! No es suficiente identificarlos ya que esto representan un riesgo para nuestras actividades, debemos determinar quiénes pueden apoyarnos en mejorar las habilidades que estamos trabajando. Puede ser apoyo financiero, educativo, moral, etc.

- **¿Cuándo esperamos ver los resultados?** Debemos fijar metas para poder medir el resultado de nuestro esfuerzo. Al tomar en cuenta los puntos anteriores, podemos darnos una idea del momento en que podemos ver los resultados de nuestro esfuerzo, podemos evaluar si el avance que tenemos está de acuerdo con lo que estimamos. Si queremos participar en una carrera de cinco kilómetros y apenas estamos comenzando a entrenar, tendremos la expectativa de terminar la competición; luego, en la siguiente oportunidad, podremos trazarnos terminarla en un tiempo que hayamos establecido, o establecer otros objetivos.

¿Cómo iniciamos a planificar nuestro crecimiento?

En este punto nos preguntamos cómo comenzar a planificar, no sabemos por dónde iniciar, mucho menos hacer un plan. No nos preocupemos, todos comenzamos así, podemos hacer un ejemplo de cómo iniciar y luego cómo podemos mejorar. El mensaje del plan debe ser sencillo, recordemos que es para nosotros; no debe ser un plan que cueste entenderlo, si no lo entendemos va a ser muy difícil que lo podamos aplicar. Lo ideal es que podamos explicarlo a cualquier persona y lo pueda entender sin problema. Para el ejemplo de cómo mejorar en atletismo, podríamos hacer los siguientes pasos: (estos no son únicos, es decir, hay muchas maneras de realizarlo)

Paso 1. No tengo idea de cómo hacerlo

Puede ser que no tengamos idea de cómo iniciar, esto hace que esperemos a que algo o alguien que nos ayude a realizarlo. Yo lo he vivido, en un momento sentí que no sería capaz; la buena noticia es que podemos usar Internet para buscar cómo mejorar. Hace unos treinta años, esto no habría sido tan fácil, así que ahora no es pretexto que no sepamos por dónde arrancar.

Si alguien nos preguntara cuál sería nuestro plan en este momento, le podríamos decir que sería averiguar cómo comenzar. A lo mejor pensemos que no es nada asombroso lo que estamos diciendo, no obstante, solo con el hecho de decirlo, estamos indicando que vamos a la acción. Usemos un navegador y busquemos cómo mejorar en el área que deseamos, en este caso, sería atletismo. Encontraremos más de cinco millones de resultados, habrá videos de cómo hacerlo, qué debemos incluir en nuestra dieta, qué debemos contemplar en nuestro plan, empresas que dan servicio de entrenamiento, etc., al cabo de unas horas, sabremos más que al principio de esta búsqueda. El resultado de esta actividad es tener información sobre cómo podemos iniciar en trabajar nuestras habilidades. Lo más seguro es que en el camino tengamos que cambiar de rumbo, algo normal, lo importante es que arranquemos. Si ya sabemos qué hacer para iniciar, podemos seguir con el paso 2.

Paso 2. Definamos los pasos iniciales para crecer

Luego de tener una idea de cómo podemos hacerlo, podemos comenzar a trabajar en los factores que tenemos que incluir para trabajar en esta actividad. Para el ejemplo de atletismo podríamos contemplar lo siguiente:

- **Qué quiero.** Definimos nuestros objetivos: podría mejorar mis habilidades para poder competir atletismo a nivel nacional.
- **Cuáles son mis expectativas.** Poder competir en carreras de 5K al inicio, luego paulatinamente mejorar mi rendimiento hasta soportar una carrera de 21K.
- **Cómo quiero hacerlo.** Realizar los siguientes pasos que me ayudarán a mejorar mi rendimiento:
  - Cómo me encuentro físicamente: determino si puedo realizar esta actividad. Me apoyaré de un especialista para conocer mi estado físico, consultaré a un nutricionista o especialista para saber qué alimentos debo consumir.
  - Conseguir el equipo correcto para mi entrenamiento: determinar si tengo los zapatos correctos para esta actividad.
  - Hay empresas que ofrecen servicios para entrenar, pero sus servicios son costosos, por ahora no los utilizaré, pero es posible que cambie de opinión más adelante.
  - Utilizaré el campo del barrio para entrenarme.
- **Actividades diarias.** Voy a correr todas las mañanas una hora diaria, iniciare a las 5 am, para el fin de semana puedo cambiar el horario.
- **Quiénes me acompañarán.** Le pediré a una persona de mi hogar que me apoye con la elaboración de alimentos más saludables, esto hará bajar los costos en mi entrenamiento.

Encontré varias organizaciones que hacen eventos relacionados con el atletismo, me suscribiré para que me informen con tiempo las inscripciones a estos eventos.

- **Cuándo obtendré los resultados.** Los resultados los podré ver en pocos meses: terminar una carrera de 5K en dos meses; en tres meses, haré la mitad de tiempo en correr 5K (es una meta ambiciosa); en seis meses, podré soportar una carrera de 10K; en un año, podré soportar una carrera de 21K.

Es probable que al principio creamos que nuestro plan no tiene muchos factores a tomar en cuenta, no está muy completo o no es realista, no nos preocupemos, conforme vayamos avanzando estaremos mejorando en cómo desarrollarlo. Recordemos que el objetivo principal es ayudarnos a clarificar qué necesitamos hacer y recordarnos que tenemos un plan, no servirá si lo hemos creado y lo dejamos en algún lugar para el olvido. Podríamos pensar que todos estos puntos ya los hemos visualizado en nuestra mente, y es usual que lo olvidemos con el tiempo, será mejor si lo plasmamos en un documento, esto nos podrá ayudar porque lo consultaremos para ver los detalles de cómo creceremos.

Paso 3. Comenzamos a ejecutarlo

Al empezar a ejecutar nuestro plan comenzaremos a encontrar algunos temas que no habíamos tomado en cuenta e impedían cumplir nuestros objetivos. Lo primero que puede pasarnos por la mente es que no lo podemos hacer, sentimos que no estamos avanzando y que no alcanzaremos nuestros objetivos. Es normal que tengamos este sentimiento, la persistencia nos hará seguir adelante para alcanzar el éxito, debemos tener disciplina para hacerlo en el momento en que lo hemos definido. Nuestro plan puede seguir cambiando conforme estemos realizando varias actividades:

estamos madurando las ideas del porqué estamos realizando estas actividades y lo que esperamos conseguir:

- **Ajustemos nuestros conceptos originales.** Es un hecho que ajustaremos las definiciones que tenemos, le agregaremos más detalles a nuestro plan.

- **Evaluemos qué personas son afectadas por nuestras actividades**. Si nuestras actividades afectan a otras personas, estas nos puedan generar algún problema para seguir en nuestro crecimiento.

- **Detectemos oportunidades**. Así como tenemos situaciones que pueden obstaculizar el alcance de nuestros objetivos, también existen oportunidades que están asociadas con las habilidades a mejorar, por ejemplo, clases gratuitas, oportunidad de participar en varias competencias, ayudar a los demás, etc. Comenzaremos a ver nuestro entorno de diferente manera (a lo mejor siempre estuvieron en frente de nosotros).

- **Detectemos riesgos**. Desde el inicio ya habíamos contemplado algunas situaciones que pondrían en riesgo nuestro plan:
  - Finanzas: Posiblemente tengamos que comprar más zapatos y nos estemos quedando sin financiamiento. Será esencial establecer estrategias para poder realizar esta actividad.
  - Apoyo de nuestro entorno: La ausencia de este, de alguna manera, afecta nuestras actividades. En el ejemplo que tenemos, la persona que nos apoyaba con la comida se ausenta por un período.
  - Situaciones que pueden afectarnos en nuestro crecimiento: Puede ser un evento externo que no esté en nuestras manos, como un huracán, un terremoto, etc.
  - Alguna enfermedad o lesión: Esto puede impactar nuestra agenda.

o No estar listo para completar nuestro objetivo: Es uno de los temas más comunes que se presentan, debemos identificar las causas que motivan nuestro retraso.

- **Prioricemos los riesgos**. Por cada riesgo, debemos analizar el impacto sobre nuestro plan y la probabilidad de que ocurra. De acuerdo al impacto, definimos la estrategia a seguir. Si detectamos que hay un riesgo, como que utilicen el campo del barrio donde entrenamos para una construcción, este tiene un gran impacto. Si sabemos que iniciarán una construcción en un par de meses, debemos evaluar cuál será el plan para poder solucionar este problema. Ahora bien, si tenemos un riesgo leve, como no poder conseguir una marca de zapatos, podremos comprar otra marca sin ningún problema y el impacto no será tan alto. Podemos generar un listado de riesgos con sus impactos y posibles acciones en caso que se hagan realidad.

Riesgo	Impacto	Estrategia
No encontrar zapatos deportivos de cierta marca.	Baja	Comprar otra marca de zapatos deportivos que cumplan con las mismas características.
Ausencia por dos meses de las personas que apoyan en la alimientación para esta actividad.	Media	Cocinar los alimentos por nuestra cuenta o contratar a alguien para que los cocine.
Construcción de un edificio en el campo utilizado para entrenar.	Alta	Identificar un campo o área para entrenar, investigar si permiten entrenar, si tiene un costo, etc.

El manejo de riesgos puede llevar algún trabajo, no obstante, manejarlo hará que tengamos mayor control de lo que ocurre, y, al momento que tengamos esta experiencia, sabremos qué hacer. Es frecuente que nos embarquemos en una actividad y en nuestro interior sepamos que cierto evento puede afectarnos y, si ocurre, no sabemos qué hacer. Ahora bien, si podemos tener control de los riesgos que pueden ocurrir, y más aún sabemos cómo podríamos manejarlos, nos dará más seguridad seguir adelante.

Paso 4. Aprendamos qué ocurre y mejoremos

Al aplicar las actividades que hemos planeado, puede ocurrir que fallemos. Podemos darnos un tiempo para desahogarnos, luego, debemos seguir avanzando, analizar que ocurrió, qué podemos mejorar y seguir. Es posible que regresemos al paso 2 para replantear alguna estrategia si hace falta. Una falla en nuestro plan puede ser muy ambigua al inicio, los pasos 3 y 4 hacen que el plan mejore continuamente, que nos comprometamos más. Para muchos, el crear un plan puede ser muy laborioso y prefieren utilizar un formato para crear un plan, otros se inclinarán en la simplicidad de este; lo más importante es que describa qué haremos para alcanzar nuestro crecimiento personal. Al empezar a trabajar en nuestro crecimiento, será natural que sintamos varias emociones, positivas y negativas. Puede que en algún momento tengamos miedo pensando qué pasará si fallamos, que dirán la gente, etc., estos miedos son válidos en cierta manera; no obstante, también debemos pensar en los beneficios que tendremos. He visto a muchas personas aventurarse en su crecimiento, y en su trayecto pude apreciar que otras personas se burlaban cuando fallaban, a pesar de cada fallo, los comentarios de estas personas bajaban de intensidad hasta convertirse en comentarios de admiración. No debemos tener miedo a fallar, pensemos que nos vamos acercando a nuestro objetivo deseado.

Construir nuestro plan es esencial para tener claridad en nuestros objetivos, si involucramos a otros hará que crezcamos a niveles que no habíamos imaginado. Esto lo veremos a continuación.

Capítulo 8

Trabajemos con otros para llegar más lejos

Reunirse es el comienzo; mantenerse juntos es el progreso; trabajar juntos es el éxito.
Henry Ford

Escucho a varias personas decir «lo que soy, lo he logrado solo, nadie me ha ayudado». No estaría de acuerdo con ello, siempre necesitamos de otras personas para seguir adelante, de manera directa o indirecta. Es un tema de perspectiva; si logramos graduarnos del colegio, aunque nosotros lo hagamos todo, siempre dependemos de otras personas; si hay que trabajar en grupo, aunque nosotros hayamos realizado el trabajo, necesitamos convencer a otros compañeros de formar un grupo para entregar la tarea; para graduarnos de la universidad, dependemos de nuestros padres (o de otra persona) para financiarnos el alojamiento, los alimentos, o los materiales de estudio. En nuestro trabajo pasa lo mismo, dependemos de otras personas para seguir adelante, pero en esta actividad vemos más aspectos, como trabajar en equipo cuando estamos sobrecargados de trabajo; nuestros objetivos se van quedando relevados porque estamos trabajando en otros temas que posiblemente no son tan estratégicos, necesitamos delegarlos para poder levantar la cabeza y ver dónde nos encontramos; si no delegamos, avanzamos poco. Hay personas a las que no les gusta delegar y trabajan más de ocho horas al día, piensan que trabajar en equipo los atrasa; no obstante, hay mayores posibilidades de llegar más lejos, ya que al delegar el trabajo que no es indispensable tendremos más tiempo para dedicarnos a tareas en las que sí es importante que estemos involucrados y seremos más productivos, ya sea a nivel personal o profesional. Ahora bien, para poder trabajar con los demás y ser más productivos, debemos tener la actitud de relacionarnos. Tal vez pensamos que por tener gente a cargo ya nos estamos relacionando muy bien, pero es posible que descubramos que no es así; lo mismo nos puede pasar en las relaciones con nuestros familiares. Recuerdo una película donde la esposa estaba desesperada porque su esposo no se comunicaba con ella, al llegar un amigo de la familia, este le dijo que su esposo sí se comunicaba, lo hacía a través de sus expresiones corporales y la esposa no le entendía, puede que eso nos pase también.

Las relaciones nos ayudan a incrementar nuestro rendimiento. El mundo está rodeado de personas, si queremos alcanzar nuestros objetivos debemos trabajar con ellas. Es clave relacionarnos con los demás, nos podrá llevar más lejos.

¿Nos gusta relacionarnos con los demás?

Esta es una pregunta que puede causarnos alguna duda en responder inmediatamente. No es que no podamos tener una conversación con otras personas, sino que puede ser que no estemos interesados en tener una relación, porque somos tímidos, hemos tenido malas experiencias, y demás factores. Hay algunas personas a las que sí les gusta comunicarse, toman la actividad de relacionarse con naturalidad, mientras que otros ven con agobio el tener que ir a platicar con otras personas. A mí me ha pasado, y cuando me ocurre, me percato que no he tomado el tiempo de buscar un motivo de porqué debo conocer a otras personas o mejorar mi relación con los demás. He comprobado que, al tener una mejor actitud, todo se ve de diferente manera. Las personas responden a una actitud positiva, se sentirán más cómodas con alguien que esté abierto a una conversación, sea accesible a un comentario, se sienta alegre al tener más amistades. Perciben la actitud que tenemos, esto puede decir más que mil palabras. A veces conocemos personas que no se conectan con los demás, esto hace que en muchas ocasiones se sientan solas y no toman en consideración que su comportamiento aleja a los demás. Es por ello que debemos examinar nuestra actitud primero para determinar cómo nos ven. A veces, tengo que verme en el espejo para saber qué observan de mí y meditar si tengo que hacer algún cambio.

En mi primer trabajo comprendí que para ser exitoso no era suficiente trabajar mucho, debía relacionarme con otras personas y ayudarles, debía mejorar mi comunicación hacia los demás. Al principio, era consciente que me costaba relacionarme con otros, lo tomaba como algo que era parte de mí y que así sería toda mi vida, con el pasar el tiempo, me di cuenta que podía mejorar en mi comunicación, para ello, debía crecer y aprender de personas que eran expertas en el tema.

Lo que ven las personas de nosotros

En muchas ocasiones, no nos interesan los demás; a veces, pensamos que no merecen nuestra atención. El problema de ello es que no solo lo reflejamos a la persona con la que no queremos relacionarnos, sino a los demás, debido a nuestro tono o lenguaje corporal; como consecuencia, al pedir alguna colaboración de estas personas con las que sí queremos relacionarnos, posiblemente no la recibamos. Si dirigimos un equipo y transmitimos poco interés en ellos, no obtendremos lo mejor (lo mismo puede ocurrir en casa), solamente darán lo que se les pide. Es aquí donde nos preguntamos por qué no sale las cosas como deseamos o porqué nuestro equipo nos rechaza; es porque reflejamos que solo nos preocupamos por nosotros mismos, en cambio, si mostramos interés genuino en las demás personas, podemos obtener grandes resultados: harán actividades fuera de su rutina diaria, serán leales a nosotros. Hay una gran diferencia en los resultados cuando hay interés sincero en nuestro prójimo.

Interesémonos en los demás

En nuestra vida hemos conocido a muchas personas con diferentes personalidades, varias de ellas se consideran tímidas, otras tienen un gran carisma. Si pienso en las personas que atraen a otras, me he percatado que, en general, tienen un punto en común, tratan de interesarse en el prójimo (puede que ellos no sean conscientes de esto), mientras que los demás que no tienen esa característica expresan poco interés de lo que sucede a su alrededor.

Al tener una relación sincera con las demás personas, hacemos que se construya un puente para poder conectarnos y esto hace que la otra persona se sienta importante. Si conocemos a alguien que nos está prestando atención sobre el tema que estamos hablando, nos sentiremos en confianza y podremos dejar abierta una puerta para establecer una relación.

Cuando hablamos con otros debemos demostrar que nos interesa la conversación, anteponer sus intereses; con ello, estaremos comunicando que estamos interesados. Para lograrlo podemos utilizar algunas prácticas muy sencillas:

- **Mencionar su nombre al hablar con ellos.** Se dice que, a las personas, lo que más les gusta escuchar, es su nombre. A mí me gusta que al momento que se dirijan a mí, sea por mi nombre. Este es un buen modo para iniciar una conversación, es posible no estemos acostumbrados a mencionar el nombre de la otra persona, no obstante, puede hacer la diferencia. Pensemos en el otro extremo: cuando una persona a la que no hemos visto conversa con nosotros y no dice nuestro nombre, da la sensación que no recuerda cómo nos llamamos. Si esto ocurre con una persona que vemos frecuentemente, estaremos pensando por qué no menciona nuestro nombre.

- **No interrumpir.** Es común que interrumpamos, esto es sumamente molesto, da la sensación que cortamos la conversación porque no nos interesa. Si no interrumpimos, la otra persona se sentirá escuchada. Hace años teníamos una situación un poco delicada con un cliente, no estaba contento con el precio que íbamos a cobrar por renovar un servicio, fui designado a negociar con este cliente y, una de las cosas que sabía que debía hacer era no interrumpirle con mis argumentos, iba a esperar que terminara para luego exponer mi punto de vista. Esperé a la persona que negociaría conmigo en una sala, al momento en que entró, vi que estaba incómodo; comenzó con contarme sus molestias y, mientras él hablaba, estaba grabando en mi mente los puntos a debatir, pero algo noté conforme iba hablando: se estaba relajando, su incomodidad estaba desapareciendo, se sintió desahogado y su estado de ánimo mejoró; sus comentarios fueron cambiando, pasaron a ser positivos y ofreció algo mejor a nuestras expectativas. A todos nos molesta que nos interrumpan, es difícil no hacerlo, no obstante, podemos lograr grandes cosas con este buen hábito.

- **No cambiar de conversación de manera repentina**. Si la otra persona está hablando de un asunto en particular y nosotros cambiamos el tema de manera repentina, estaremos dando la señal de que no nos interesa su conversación. He visto que muestran su enojo a través de su lenguaje corporal, mientras el individuo que cambió el tema sigue hablando sin percatarse de esta situación. Es como si le dijéramos «oye, no me interesa lo que estás hablando, es más interesante el tema que hablaré», lo más seguro es que se moleste y, en caso de poder, nos evitarán.

- **Ver a la persona a los ojos.** Es algo muy sencillo, cuando lo hacemos, damos a entender que estamos interesados en esta persona, cuando no se hace, da la impresión que estamos ocultando algo, que hay un problema con la persona. En algunas reuniones he visto a personas hablarles a otras sin verlas a los ojos. En una ocasión, una persona miraba a la pared mientras le hablaba con otra, fue una situación incómoda para todos; al terminar la reunión, alguien me consultó si estas dos personas tenían un problema. Si deseamos que nos apoyen, será más sencillo verlas a los ojos, demostraremos transparencia.

- **Tener empatía**. Ponernos en la posición de los demás nos ayudará a ver las cosas desde otra perspectiva, podremos entender qué piensan y podremos ayudarlos de una mejor manera.

No es suficiente dejar de pensar en uno mismo cuando se está trabajando en una relación, debemos dejar el mensaje que podemos ayudarlos. Cuando conocemos a alguien, es más claro dejar la idea de que podemos agregar valor en temas en los que somos fuertes, así la persona tendrá en mente que podemos apoyara; si es un cliente potencial, podemos dejar una buena impresión para mantener una relación en la que podamos agregar valor a su organización. Al agregar valor al prójimo hacemos que se conecten con nosotros y nos sigan por lo que hemos hecho por ellos, acá comenzamos a ver que la gente nos sigue y tenemos una característica de liderazgo. A veces creemos que el agregar valor es corregirlos, no es así de literal; si conocemos a una persona y le decimos que está equivocado, tal vez no lo tome de la mejor manera, sentirá que le estamos diciendo que nosotros somos superiores y generará el resultado contrario, pensarán que no somos humildes. Normalmente a la gente le agrada relacionarse con una persona que valora a otros más que a ellos mismos.

Nuestro entorno influye en nuestras decisiones

Hemos escuchado la frase «dime con quién andas y te diré quién eres». A lo mejor pensemos que no tiene relación en nuestro crecimiento, sin embargo, tiene que ver con el ambiente de donde vivimos; podría tratarse de nuestros padres, nuestros amigos, el barrio, las creencias con la que hemos crecido. En sí, este entorno nos puede estancar o acelerar, dependiendo de la influencia que recibamos. Si pertenecemos a un equipo de fútbol, mejoraremos nuestras habilidades deportivas; si queremos mejorar en nuestra vida espiritual, la iglesia puede ayudarnos; nuestro entorno familiar y de amistades nos ayudará a alejarnos de malas influencias, etc. Estar en estos entornos nos hace sentir cómodos porque no tenemos que hacer un gran esfuerzo para hacer algo diferente, esto nos puede impedir crecer ya que estos grupos tienen una rutina y es común que no nos dejen salir de ella.

El entorno puede ser un obstáculo para crecer

Cuando decidimos crecer intencionalmente, somos los primeros en resistirnos en dejar nuestra zona de comodidad; lo que siguen en oponerse será nuestro entorno. Muchas personas no ven esto y, a veces, no saben por qué no crecen como han planeado, esto ocurre porque nuestros entornos no quieren que nos movamos fuera del mismo. Puede haber muchos motivos:

- **Protección.** No quieren vernos sufrir (en especial nuestros familiares). Se resisten a que realicemos ciertas actividades porque piensan que sufriremos. Es común que nos digan que nos estamos esforzando mucho y que lo podemos hacer mañana, y luego al otro día nos digan lo mismo. Si ya estamos siendo responsables de nuestras acciones, podremos tomar la decisión de seguir adelante solos. En muchas ocasiones, cuando nos dicen que lo pospongamos porque estamos trabajando demasiado, se deba que a ellos se lo dijeron en su momento (tuvieron una experiencia similar) y esperan que paremos sin evaluar qué queremos y cuáles son nuestros objetivos.

- **No quieren vernos mejor.** Habrá personas que nos darán recomendaciones para no hacer las actividades que creemos productivas, o nos dirán que hagamos cosas que ellos no harían. En estas situaciones, nos daremos cuenta qué personas desean lo mejor para nosotros y quiénes no. En una ocasión me encontraba en un dilema de cómo resolver un problema, alguien se me acercó y me sugirió hacerlo de una manera ya que había tenido una experiencia similar, al terminar de escucharla, sabía que esa experiencia no la había resuelto como me lo estaba sugiriendo, tenía claro que su sugerencia no funcionaba y esta persona lo sabía; le agradecí y seguí pensando en cómo resolverlo, me di cuenta que, para tomar una decisión, debía buscar a las personas que me apoyaran y evitar a las que no deseaban lo mejor para mí. Tomar este tipo de decisiones se hace más fácil cuando nos hacemos responsables de nuestras vidas y sabemos decir no.

- **No quieren que cambiemos.** Cuando decidamos cambiar, pasarán muchas cosas, una de ellas será buscar a otras personas que nos ayuden a crecer. Algunos entornos se sentirán afectados y se resistirán al ver que nos alejamos. En ocasiones, cuando queremos cambiar nuestro estilo de vida, pensamos en nosotros y no reparamos que afectamos a otras personas. Si nuestros padres o nuestra pareja no estaban acostumbrados a vernos levantados muy temprano, les puede generar alguna molestia porque hacemos algún ruido o estamos llegando tarde a casa, no ven el beneficio de nuestro cambio; al principio pueden pensar que será algo pasajero, no obstante, al ver que no nos damos por vencidos en lo que realizamos, comenzarán a expresar su malestar y pueden hasta tomar alguna medida porque no están conformes. En estas situaciones, siempre es bueno comunicar nuestras tareas y los beneficios de estas actividades, esto podrá ayudar a aclarar mejor la situación y es posible que la persona que se sienta afectada no esté de acuerdo. Si es alguien muy cercano, como nuestro círculo familiar, tendremos que balancear nuestras metas y escucharlos. Si no es tan cercano, podemos evaluar si seguimos teniendo esta relación. Si estamos teniendo problemas con algún grupo, el distanciamiento puede ser suficiente para no perder esa relación, en especial si es un grupo familiar.

- **No saben cómo ayudarnos.** Algunas personas nos pondrán obstáculos para no alcanzar nuestros objetivos, lo mejor que puede pasar es que ellos acepten los cambios y nos apoyen. Cuando era un niño, algunos compañeros de estudio se preocupaban porque sus padres no conocían de algunos temas que estaban aprendiendo, así que les decían que no valían la pena que se esforzaran mucho porque estaban aprendiendo temas que no le servirían en la vida, a pesar de ello, lograron seguir adelante.

Nuestro entorno tiene una gran influencia en nosotros. Nos impacta más cuando estas influencias son nuestros padres o nuestra pareja y, si no influimos en ellos para que cambien su comportamiento, puede que tengamos que contemplar un obstáculo más en nuestro crecimiento.

¿Cómo el entorno nos ayuda a crecer?

Dicen que somos el promedio de las cinco personas con las que interactuamos diariamente. Cuando lo escuché la primera vez, medité cómo era mi entorno y noté que, si quería crecer, debía estar con personas que buscaran lo mismo, que me enseñaran cómo mejorar.

Un entorno en el que podamos crecer es el ideal. Es notorio cuando las personas que están en nuestro entorno nos apoyan para seguir desarrollándonos. Para buscar a estas personas hay que tener en cuenta lo siguiente:

En qué área deseamos crecer

En una ocasión, comencé a buscar cómo mejorar en una habilidad y se me presentó una oportunidad para crecer en otras áreas como la oratoria. Pensé que no era tan importante, no obstante, al comenzar a trabajar en cómo hablar en público, noté que me ayudaría en mi profesión. De ahí comencé a ser más consciente de mi crecimiento personal. Conforme estaba aprendiendo más en cómo mejorar, me percataba que, por lo menos, se abría una puerta más en donde yo podía crecer. Me recordaba cuando uno era niño e iba a la juguetería a comprar un juguete y no sabía cuál escoger, lo mismo me sucede cuando descubro alguna habilidad que puedo mejorar. Al inicio, me enfocaba en varias áreas, pero no obtenía el resultado que deseaba; comencé a enfocarme en mejorar una habilidad a la vez, esto me hizo ver los resultados a mediano plazo y así podía enfocarme en otra área, con ello podía cuantificar las habilidades que había mejorado en el año.

Debemos saber a dónde queremos ir, así podremos saber qué estrategia tomar. Esta pregunta debemos hacerla continuamente ya que, al crecer, veremos nuevas áreas de las que no teníamos conocimiento o que no estaban en nuestros planes inicialmente. Nuestro entorno puede cambiar conforme pase el tiempo, así que debemos plantearnos qué áreas estamos trabajando y buscar a personas que ayuden a acelerar nuestro aprendizaje.

Dónde nos encontramos ahora

Al momento de trabajar en nuestro crecimiento, es común que sintamos que debemos hacer un cambio. Esto me ha pasado, he pertenecido a grupos donde he estado a gusto, evaluaba qué aprendía de ese grupo y si estaba en sintonía con mis objetivos personales y profesionales.

Luego de saber a dónde queremos ir, debemos de evaluar si hay algún entorno que puede ayudarnos. Pasa mucho que tenemos en nuestras amistades o familiares a alguien que sabe del tema en el que deseamos desarrollarnos, a veces no lo vemos de esa manera y perdemos una oportunidad de aprender. No necesariamente debemos abandonar un grupo para ir a otro, debemos de evaluar varias cosas:

- **Frecuencia**. Analicemos la frecuencia con la que nos vemos con ellos, si nos reunimos una vez al mes o en varias ocasiones a la semana. Consideremos si el espacio que estamos dedicándoles nos puede impactar en el tiempo que deseamos enfocar a nuestro desarrollo. Otro punto que hay que tomar en consideración es si afecta a nuestra familia; si tenemos un matrimonio, tarde o temprano puede impactarnos si no sabemos balancearlo de la mejor manera.
- **Si agrega valor**. Así como hay grupos donde se puede aprender, pueda haber algunos donde sea todo lo contrario y tengamos que alejarnos. Esto lo he vivido con grupos que no me agregaban valor, así que tuve que alejarme; no fue fácil, pero era necesario.
- **Apoyo**. Evaluemos si nos apoyan o no, nos pueden ayudar a seguir adelante o pueden minar nuestros objetivos. Si nos minan, es mejor alejarnos hasta donde podamos; si queremos seguir creciendo, no lo podremos hacer solos, necesitamos de otras personas.

Estos son solo algunos puntos que debemos tener en cuenta para buscar un grupo que nos ayude a crecer. Si tomamos cada punto, sin considerar al otro, puede que no tomemos una buena decisión.

Definamos el ambiente de aprendizaje

Hay que incluir varios ambientes que influyan en nuestro crecimiento, que nos den más energía, conocimiento o vivencias. Estos entornos pueden ser:

Lo que escuchamos y vemos en la TV

En una ocasión, estaba esperando que me atendieran en un laboratorio clínico, vi a una niña pequeña con su mamá, con tal de que no llorara, su mamá le dio su celular y la pequeña (ya toda una experta) usó una aplicación para escuchar música, se puso a bailar y a cantar; lo que me llamó la atención es que la letra de la canción no era apropiada para ella y recordé mi niñez, la música de mi tiempo, en cierta manera pensaba que de acuerdo con lo que decía la canción debía comportarme o esperar que mi vida fuera de esa manera. Me puse a reflexionar, si los niños se acostumbran a escuchar este tipo de canciones, formarán parte de lo que creen y pensarán que es normal; lo mismo ocurre con lo que vemos en la televisión. Recuerdo que estaba hablando con unos clientes de manera informal y un gerente comenzó a hablar de la biblia, hizo un comentario del rey Nabucodonosor (rey de Babilonia en el año 604 a. c.), en ese instante intervino otra persona de unos veinticinco años y exclamó: «¡Están hablando de la nave de Matrix!». Hasta hace pocos años, creía que la influencia de la televisión o radio no era relevante, pero ahora que soy padre, me doy cuenta que no es así, nos impacta mucho. Nuestros hijos toman los mensajes de sus series favoritas como parte de su creencia en la vida. Hay música que influye en nuestro estado de ánimo, nos pondrá más alegre, tristes, nos inspira o nos relaja; debemos tenerlo en cuenta ya que influirá en el momento que deseemos realizar una actividad. Ya existen audiolibros, *podcasts* o conferencias si no nos gusta la lectura y queremos aprovechar nuestro tiempo.

Grupos

Pueden ser espirituales, sociales, académicos, etc. Evaluemos si necesitamos pertenecer a ciertos grupos que nos ayuden a crecer. Ahora es más sencillo; si utilizamos las redes sociales correctamente, podemos aprender bastante, podemos encontrar conferencias y contenidos de gran valor.

Mentores o *coaches*

Ellos nos podrán ayudar a acelerar en las habilidades en las que deseamos crecer. En la actualidad, las reuniones con estas personas ya no se realizan de manera presencial, sino a través de teléfono o videoconferencias, así que podemos hablar con un mentor o *coach* de otro país que nos ayude.

No nos detengamos

Avancemos en nuestro crecimiento, sigamos adelante, no nos detengamos. Es posible que tengamos críticas de las personas de nuestro círculo íntimo, y esto es normal, tendremos resistencia para avanzar; lo importante es que no nos detengamos y veremos que encontramos muchas oportunidades. Recordemos hacernos esta pregunta al momento de tener dudas sobre seguir creciendo: ¿Hasta dónde llegaré?

¿Qué sigue ahora?

Nuestro crecimiento personal no se detiene, siempre estaremos descubriendo áreas que deseamos mejorar sin importar la edad. Si aplicamos los puntos que se mencionan en este libro, poco a poco nos daremos cuenta que hay un antes y un después en nuestro crecimiento, veremos las cosas de diferente manera y podremos materializar cómo mejorar en las habilidades que deseamos y tener un objetivo alcanzable. Esto no es un proceso que se dará de un día a otro, llevará tiempo. Mejorar nuestras habilidades no se limita solamente al área que deseamos trabajar, se amplía a nuestra forma de pensar.

Cuando tomemos la decisión de hacernos responsables de nuestro destino, la misma se debe reflejar en nuestros pensamientos, debemos cambiar de hábitos, cambiar a una actitud de aprendizaje que provocará una reacción en nosotros. Es como si quisiéramos empujar un auto que está detenido, se requiere de mucho esfuerzo al inicio, pensamos que no es posible que una persona pueda moverlo, pero, al decidir hacerlo, no sabemos dónde debemos empujar y, luego de probar, vemos que hay un lugar donde se mueve y comenzaremos a empujar con mayor fuerza; el auto comienza a moverse. Algo parecido pasa con nuestro desarrollo personal. Los temas que se describen en el libro nos ayudan a movernos.

Los comienzos son los más difíciles, pero aprendemos cada día sobre nuestras habilidades y fortalezas. Al momento que empezamos a movemos comenzaremos a ver que hay más áreas por mejorar y comenzamos a profundizar en el cómo hacerlo. ¡El crecimiento personal es un viaje que está en nosotros!

Tus comentarios son importantes

Espero que mi experiencia en el apasionado mundo del desarrollo personal te haya servido para iniciar tu aventura para mejorar en el área que deseas. Si deseas contactarme para compartirme tus experiencias o tienes alguna inquietud sobre un tema del libro, puedes enviarme un mail a: Consultas@JorgePazCoach.com y te contestaré.

Si te ha gustado este libro y lo has encontrado útil para tu desarrollo personal, te agradecería si puedes dejar tu comentario en la tienda que has comprado el libro, puedes buscar la sección de Opinión de los clientes e indicar que te ha gustado. El leer tu opinión me ayudará a mejorar este libro. Si deseas obtener un e-book gratis, puedes enviarme la foto de tu reseña al correo: Consultas@JorgePazCoach.com

Regalo para los lectores

Si todavía no has iniciado a trabajar en tu crecimiento personal, puedes acceder a un bono, el cual te ayudará a iniciar en esta aventura, en:

http://www.jorgepazcoach.com/bono-forjando-tu-destino/

Bibliografía

Akifrases (s.f). «Frases de Mahatma Gandhi». Recuperado el 24 de febrero de 2020, de https://akifrases.com/frase/112797

Almonacid, H. (14 de mayo de 2019). «Rutinas de poder: ¿Cómo empezar y terminar tus días de la mejor manera?». Recuperado el 5 de marzo de 2020 de https://www.guioteca.com/crecimiento-personal/rutinas-de-poder-como-empezar-y-terminar-tus-dias-de-la-mejor-manera/

Análisis FODA. En Wikipedia. Recuperado el 4 de marzo de 2020 de https://es.wikipedia.org/wiki/An%C3%A1lisis_DAFO

Bautista, S. (9 de febrero de 2019). «Si buscas resultados distintos, no hagas siempre lo mismo». Recuperado el 19 febrero de 2020, de https://www.psicologosencolladovillalba.es/es/noticias/si-buscas-resultados-distintos-no-hagas-siempre-lo-mismo/

DeMemoria. (19 de mayo de 2019). «Bugs Bunny te enseñó más de música clásica que tus clases de flauta y tenemos pruebas». Recuperado el 20 de febrero de 2020 de https://www.dememoria.mx/entretenimiento/musica-clasica-en-las-caricaturas/

10 frases de 'El principito' para recordar a Antoine de Saint-Exúpery en su natalicio (29 de junio de 2016). *Infobae.* Recuperado el 20 de febrero de 2020 de https://www.infobae.com/america/mundo/2016/06/29/10-frases-de-el-principito-para-recordar-a-antoine-de-saint-exupery-en-su-natalicio/

19 Frases de Jim Rohn para cosechar éxito (s.f). Recuperado el 24 de febrero de 2020 de https://19frases.com/de-jim-rohn/

Galich, M. (1953). *M'hijo el Bachiller*. Guatemala: Ministerio de Educación Pública.

Goleman, D. (1996). *Inteligencia emocional*. Barcelona: Kairos.

Ley de Parkinson. (s.f) En Wikipedia. Recuperado el 18 de marzo de 2020 de
https://es.wikipedia.org/wiki/Ley_de_Parkinson

Leyes de Newton. (s.f)   En Wikipedia. Recuperado el 24 de febrero de 2020 de
https://es.wikipedia.org/wiki/Leyes_de_Newton

Lozano, C. (2017). *Actitud positiva*. Miami: Penguin Random House.

Lozano, C. (2018). *El lado fácil de la gente difícil*. Miami: Penguin Random House.

Maxwell, J. (1997). *Actitud de Vencedor*. Nashville: Betania.

Maxwell, J. (2013). *Las 15 leyes indispensables del crecimiento*. Nueva York: Center Street.

Maxwell, J. (2018). *Desarrolle el líder que está en usted 2.0*. Nashville: Grupo Nelson.

Paz, J. (s.f.). *Jorge Paz Coach*. Recuperado de www.JorgePazCoach.com

Principio de Pareto. (s.f). En Wikipedia. Recuperado el 5 de marzo de 2020 de Wikipedia:
https://es.wikipedia.org/wiki/Principio_de_Pareto

Rubín Martín, A. (s.f). «Las 50 Mejores Frases de Henry Ford». Recuperado el 20 de febrero de 2020 de de
https://www.lifeder.com/frases-de-henry-ford/

Temperamento. (s.f). Wikipedia. Recuperado el 5 de marzo de 2020 de https://es.wikipedia.org/wiki/Temperamento

Torres, A. (s.f). «Diferencias entre personalidad, temperamento y carácter». Recuperado el 5 de marzo de 2020 de de https://psicologiaymente.com/personalidad/personalidad-temperamento-caracter-diferencias

Valls, A. S. (21 de abril de 2015). «Cómo mejorar tu productividad con la matriz Eisenhower». Recuperado el 4 de marzo de 2020 de https://adriansanchez.es/como-mejorar-tu-productividad-con-la-matriz-eisenhower/

Ziglar, Z. (1995). *Más allá de la cumbre*. Nashville: Caribe.

Síguenos

Sígueme en las redes sociales, ¡estaré creando nuevos libros y artículos relacionados al crecimiento personal que te interesarán!

https://www.facebook.com/leonel.echeverria.50

https://www.linkedin.com/in/jorgepazcoach/

Web: www.JorgePazCoach.com

Acerca del Autor

Jorge Paz nació en la ciudad de Guatemala, es consultor, coach y conferencista, le apasiona escribir artículos de crecimiento personal y profesional. Su intención es ayudar a las personas a mejorar sus habilidades a través de su página www.JorgePazCoach.com.
 Ingeniero en sistemas, Project Manager Professional, Scrum Master con más de 10 años apoyando a equipos en alcanzar sus objetivos a través de coaching.
Puedes contactarnos por mail: Consultas@JorgePazCoach.com.

Otros libros del autor

Atrévete a comenzar el viaje de tu vida: 7 preguntas para iniciar tu desarrollo personal. Encontraras respuestas a preguntas que te detienen para iniciar la aventura de tu vida.

Puedes encontrarlo en Amazon **o** Smashwords

Transforma la incertidumbre en oportunidades.

¿Qué pasa cuando tienes una dificultad? ¿Buscas oportunidades de esta situación o te abrumas?

Podemos ver los problemas como oportunidades para alcanzar nuestros objetivos y la búsqueda de soluciones alternas para cambiar nuestras creencias ante la adversidad.

Puedes adquirirlo en Amazon

Alcanza el éxito a través de las relaciones: Descubre cómo conectar con las personas y alcanzar tus objetivos. Aprende algunas prácticas de como ver las relaciones desde otras perspectivas y cómo hacer que las personas se interesen en ti.

Puedes adquirirlo en Amazon o Smashwords.

www.ingramcontent.com/pod-product-compliance
Lightning Source LLC
Chambersburg PA
CBHW022155150726
47992CB00002B/797